子どもの毎日の生活の中で
ソーシャルスキルが確実に身につく187のアクティビティ

エリザベス A. ソーター著　上田勢子訳

黎明書房

With Contributions From:
Kari Dunn Buron, MsEd, Author of *The Incredible 5-Point Scale*
Leah Kuypers, MAEd, OTR/L, Author of *The Zones of Regulation*
Emily Rubin, MS, CCC-SLP, Coauthor of the SCERTS Model®
Sarah Ward, MS, CCC-SLP, Speaker and expert in executive functioning
Michelle Garcia Winner, MA, CCC-SLP, Creator of the Social Thinking® framework, author and speaker
Pamela Wolfberg, PhD, Author of *Play and Imagination in Children With Autism*
and creator of Integrated Play Groups

Make Social Learning Stick!
How to Guide and Nurture Social Competence
Through Everyday Routines and Activities
by Elizabeth A. Sautter
© 2014 AAPC Publishing
Japanese translation rights arranged through Seiko Uyeda

REIMEI SHOBO

謝 辞

　本書の考案と執筆にあたり，多くの方々に助けられました。ここに感謝いたします。

　ビジネスパートナーのヒラリー・キサック氏は，長年にわたり，私をサポートし励ましてくれました。カリフォルニア州オークランド市の「コミュニケーション・ワークス」で共に働くすばらしいセラピストとスタッフは，その創造力と経験と情熱と明晰な頭脳を私と共有してくれました。

　私が出会ったすばらしい子どもたちの保護者のみなさん，そして専門家の方々は，私と一緒に子どもたちを支えてくれました。いつも私にひらめきを与え，信じ続けてくれた同僚で親しい友人のテリー・ロッスマン氏。本書に貢献してくださったカリ・ダン・ビューロン氏，リア・キュイーパース氏，エミリ・ルービン氏，サラ・ワード氏，ミッシェル・ガーシア・ウィナー氏，パメラ・ウルフバーグ博士。

　そして最後に，私を応援し続けてくれる両親，愛情を注いでくれる忍耐強い夫。そして，いつも私の気をひきしめてくれるエネルギーあふれる二人のやさしい息子たちは，セラピーの練習台になり，完璧な母親になれない私を許してくれました。

　みなさんに心より感謝いたします。

エリザベス　A．ソーター

目 次

謝 辞 1

だれもがソーシャル・コーチになるために 5
　わかりにくい社会を理解する／感情抑制／他者の視点取得の四つのステップ／しっかり身につけよう！　学んだスキルを日常生活に組み込む／保護者と専門家の共同作業

この本の使い方 12

第1章　家庭でのアクティビティ 15

① 一日の始まりのアクティビティ　16
② 学校へ行く準備をするときのアクティビティ　17
③ 食事の用意をするときのアクティビティ　18
④ 友だちやきょうだいと遊ぶときのアクティビティ　19
⑤ ゲームをするときのアクティビティ　20
⑥ ごっこ遊びをするときのアクティビティ　22
⑦ 家の中で退屈しないで遊ぶアクティビティ　24
⑧ お手伝いをするときのアクティビティ　26
⑨ ペットの世話をするときのアクティビティ　28
⑩ テレビを見るときのアクティビティ　30
⑪ 家族で過ごす時間のアクティビティ　32
⑫ 家族で遊ぶときのアクティビティ　34
⑬ 絵を描いたり工作をしたりするときのアクティビティ　36
⑭ 台所でのアクティビティ　38
⑮ 食卓でのアクティビティ　40
⑯ 夜寝る前のアクティビティ　42
⑰ トイレとお風呂のアクティビティ　44
⑱ 電話のエチケットのアクティビティ　45
⑲ 本を読んでもらうときのアクティビティ　46

第2章　外出時のアクティビティ　　　　　　　　　　　　　　49

　① 車の中のアクティビティ　50
　② マーケットでのアクティビティ　53
　③ ショッピングモールでのアクティビティ　54
　④ 公園でのアクティビティ　56
　⑤ レストランでのアクティビティ　58
　⑥ 病院でのアクティビティ　59
　⑦ 映画館でのアクティビティ　60
　⑧ スポーツをするとき，見るときのアクティビティ　61
　⑨ 近所でのアクティビティ　62
　⑩ 状況に対応するためのアクティビティ　64

第3章　祝日や特別な日のアクティビティ　　　　　　　　　　　67

　① 祝日のアクティビティ　68
　② 母の日や父の日のアクティビティ　69
　③ 花火大会のアクティビティ　70
　④ ハロウィンのアクティビティ　71
　⑤ クリスマスのアクティビティ　72
　⑥ お正月のアクティビティ　73
　⑦ お誕生日会のアクティビティ　74
　⑧ ディナーパーティでのアクティビティ　76
　⑨ お盆休みの計画を立てるときのアクティビティ　77
　⑩ 旅行中のアクティビティ　78

第4章　ソーシャルラーニングと感情の学習を，日常生活に組み入れる方法　　　　　　　　　　　　　　　81

　ティーチング・モーメント（教えるチャンス）　82
　モデリング（お手本を示す）　82
　プライミング（ソーシャル・ブリーフィング）　83
　ソーシャル分析（ソーシャル・デブリーフィング）　83

プレイ（遊び）　84
　プロンプティング　84
　感情のサポート　85
　強化することとほめること　86
　ロールプレイ／リハーサル　87
　ジョブトーク　88

第5章　この本の全アクティビティと，強化が期待される社会生活能力（索引） ……… 89

付　録 ……………………………………………………………………… 99

　用語集　100
　① ムードメーター「今どんな気分？」　102
　② 会話のサンプルカード「こんな会話をしてみましょう」　103
　③ ワンダー・クエスチョン「なんだろう質問」　104
　④ 夕食の予定表　104
　⑤ 1・2・3で，できあがり！　105
　⑥ 遊びの時間の予定表　106
　⑦ 夜寝る前の五段階表　106
　⑧ 感謝のリストとクーポン券　108
　⑨ 歯をみがく順序　109
　⑩ 「どっちがいい？」の質問の例　110
　⑪ 六角形で深呼吸　110
　⑫ 体全体で聞こう　111
　⑬ お買い物リスト　112
　⑭ ソーシャル分析ワークシート　113
　⑮ 子どもの楽しいかくし芸　114
　⑯ ソーシャル・ナラティブ（社会的なお話）の例　116
　⑰ 強化刺激メニュー　116
　⑱ 放課後や週末のお薦めソーシャル・アクティビティ　117
　⑲ 友だちを誘ってじょうずに遊ばせる方法　118

参考文献 …………………………………………………………………… 120

だれもがソーシャル・コーチになるために

> ジョニーは小学四年生です。お昼休みになると，クラスの子どもたちは元気に運動場のあちらこちらへ，駆け出して行きます。でもジョニーは，ためいきをつきながら，リュックから本を取り出してベンチに座ります。
>
> 以前ジョニーは，男の子たちが映画やゲームの話をするのに加わろうとしたことがありました。でもなぜか，いつも場ちがいなことを言ってしまうのです。みんなにからかわれているかどうかも，ジョニーにはよくわかりません。鬼ごっこに入れてもらおうとすると，いつも「ジョニーがオニだよ」と言われます。オニになるのは，ちっともおもしろくありません。
>
> そこでジョニーは，ベンチに座って本を読むのが好きなふりをしているのです。でも本当は，仲間はずれにされて，どうしていいかわからないのです。お弁当もいつも一人で食べます。
>
> 友だちの家や誕生会に呼ばれることもめったにありません。ときどき，病気のふりをして学校を休みたいと親に言うこともあります。親は，ジョニーが一人ぼっちなのに気がついていますが，どう助けてよいのかわかりません。

社会生活能力（ソーシャル・コンピテンス）とは，生活をうまく営むことや，社会的目標を達成する能力のことを言います。社会生活能力は，言うまでもなく非常に重要な物です。人間関係を作ったり保ったりすること，勉強や少人数のグループでの活動，そして仕事の面で，社会生活能力は大きな役割を果たすからです。(Blair, 2002; Bodrova & Leong, 2005)

私たちの社会には，ナビゲーションのスキルが必要な状況がたくさんあります。いつ何を言ったらよいのか，人前でどう行動すればよいのかを知って，進んでいかなければならないのです。しかし，空気を読むスキルが備わっていない人や，他者にどう対してよいのか判断に苦しむ人にとっては，これは困難かもしれません。

さらに，不安障害，多動性障害，問題行動などがある人にとっても難しいことでしょう。内面が安らかでなければ，周囲の人のことや，他者とどう関わったらよいのかといった自分の外側の状況について考えることもできません。

社会的目標が達成できないと，メンタルヘルスや生活の質にネガティブな影響が生じることがあるでしょう。でもだいじょうぶ！　**社会生活能力は学んだり，練習したり，向上させたりすることができる物なのです！**

わかりにくい社会を理解する

　社会生活能力にはほかにもいろいろな呼び方があります。ソーシャル・コミュニケーション，ソーシャルスキル，ソーシャル・ランゲージ，プラグマティック言語（言語の社会的使用），社会的認知，ソーシャルシンキング®，ソーシャルラーニング，ソーシャル・インテリジェンス，ソーシャル・レギュレーション（社会的抑制）といった言葉がよく使われています。

　本書（原書）のタイトルを決めるとき，読者にとって最もなじみのある呼び方はどれなのか迷いました。そして，社会生活能力という言葉が，よく聞く言葉で，広く理解されていること，そして社会生活能力を得るためにソーシャルスキルを子どもたちに「しっかりつけさせたい」と言う思いで，本書（原書）のタイトルを決めました。

　本書の内容についてはP.12の「この本の使い方」でも述べていますが，専門用語を詳しく掘り下げて説明したり，定義したりするのが本書の目的ではありません。この本は，実際に役立つガイドブックとして，社会生活能力の認識，**ソーシャルスキル**の実行，そしてそれを日常生活で機能させる**能力**をつけることを，目的とした本なのです。

　社会生活能力について語るとき，しばしば分けて考えられるのが，**自己抑制**という言葉です。これは，身体機能をコントロールし，強い感情をコントロールし，集中力と注意力を保つことを指します。(Shonkoff & Phillips, 2000)

　自己抑制は，自己コントロール，自己マネージメント，怒りのマネージメント，衝動コントロールなどと似ています。この分野に難点のある子どもは，家庭や学校で「問題行動」を起こしていると見られることがしばしばあります。

　人は社会の中で相互に作用し合っていく物なので，社会生活能力において自己抑制の果たす役割は大変大きく，分けて考えることはできません。

　自己抑制と社会生活能力の関係をより明確にするために，社会的（ソーシャル）という言葉と，抑制という言葉を結合させようという提案があります（Kuypers and Sauter, 2012）

　彼らは，ソーシャル・レギュレーション（社会的抑制）を，私たちが社会的目標を達成するために，注意力のレベルを調整したり，どのように感情や行動を表すかを加減したりする能力だと定義しています。すなわち，そのときの**社会的状況に「適した」行動を示すために，内的感情や，精神的かつ身体的状態を観察して調節する能力**だということなのです。

　これは簡単なことに思えるかもしれませんが，ソーシャル・レギュレーション（社会的抑制）は広く複雑ですし，私たちが社会になじむためには，さまざまな分野のスキルと脳の機能を発達させ調和させなくてはなりません。

　必要な主要素には，感覚処理，感情抑制，言語処理，プラグマティック言語，精神の客観的セオリー，実行機能などがありますが，それらについては，下記に簡単に記しました。

　感覚処理（Ayres, 2005）とは，私たちが環境から感覚を通して情報を得たり，得た情報をコントロールしたりする方法を指しています。たとえば，セーターの着心地がよいとか，ちくちくするとか，といった触感に基づいた感覚のことです。

こうした感覚の情報を得ると，私たちは心地よくするためにはどうしたらよいかを決めます。たとえば，外がまぶしいのでサングラスをかけようとか，寒いからセーターを着ようとか，ということです。子どもが感覚過敏であったり，逆に感覚に気づきにくかったりすると，感覚の入力を処理したり，心地よい気分になることが難しくなり，社会的状況の中での感じ方や行動の仕方に影響を与えることがあります。

感情抑制

感情抑制とは，自分の感情にコントロールされるのではなくて，自分でコントロールできることを言います。人間には生まれついての感情もいろいろありますが，その時の状況によって，どんなタイミングでそれをどう表すのか，どの位の激しさでどのくらい長く表すのかといったことは，自分で抑制調整できるのです。

一方，感情にコントロールされてしまうと，考える前に行動したり，問題を起こしたり，人を怒らせてしまったりすることがあるでしょう。たとえば，子どもがサッカーをしているときに，ほかの子のプレーを不満に思って，叫んだり，強い行動をとれば，そのことが逆に問題となって，大変なことになるかもしれません。

脳は言語を処理したり理解したり（**言語処理**）します。そして，その情報は社会的に適した方法（**プラグマティック／社会的言語**）で使われなければなりません。こういった意味で，言語もソーシャル・レギュレーション（社会的抑制）に関わっていると言えます。

さまざまな状況下で，何をいつどのようにすれば他者と効果的なコミュニケーションが取れるのかを知るためには，発信される言葉やメッセージだけでなく，それがどういう前後関係や規範によって発信されたのかも理解しなくてはなりません。

そのためには，話し言葉だけでなく，表情やジェスチャーのような，非言語的なコミュニケーションも理解し，その時々の状況に適応するために，どのように言葉や伝え方を変えていくかを知る必要があります。言葉を社会的に使うためには，「コードスイッチ」，すなわち，周囲の人や場所に合わせて，言葉の使い方を変えることが役に立ちます。

たとえば，長く会っていなかった仲のいい友だちが家にやってきたら，ハイタッチしたり，ハグしたりするのはよいことですが，配達に来た郵便集配人にハグをするのは，普通のことではないし，おおむね「不適切」だと思われます。同じように，ほとんどの人は，赤ちゃんと話すのと大人と話すのでは，声のトーンやジェスチャーを変えることを知っています。

気持ちや伝えたいことを，声や表情やジェスチャーや手ぶりや相手との距離といった，非言語的なコミュニケーションの手がかり（情報）を使って理解したり，表したりすることの重要性は，見過ごすことができない物です。

私たちは，「人の立場に立ってみること」すなわち，他者の視点で見ることも必要ですが，これは，**セオリー・オブ・マインド（心の理論）**（Baron-Cohen, Leslie, & Frith, 1985）と呼ばれる物です。

これは，ほかの人のことを考えたり，ほかの人が何を考えたり感じたりしているかを考える能力のことで，人の考えや感情や要望や体験は自分の物とはちがうということを理解することです。これは，社会認識と言われる物と似ています。簡単に言えば，社会的であるにはどうしたらよいか，周囲の人についてどう考えるか，ということなのです。

　相手について何を知っているでしょう？　相手の信条，文化，年齢，気持ちはどうでしょう？
　その場所やそのときの状況は，どうでしょうか？　新しい学校や職場のルールは，どうすればわかるでしょうか？　周りの人が気分よく過ごすためには，私たちは何を言ったり，どんなことをしたりすればよいのでしょう？

　こうしたことは，大変抽象的で困難です。そして，社会的状況がやっとわかったと思ったとたんに変わってしまうこともあるのです。たとえば，子どもが大きくなるにつれて，人前で親にお別れのキスをしたり，親の膝に乗ったりするのは，「かっこいいこと」ではないと思うようになるでしょう。ですから，ただソーシャルスキルの行動を教えるだけでなく，スキルを実行する前や実行している最中の考えについても，説明しておかなくてはなりません。

　これは，言語療法士で，社会的認知の主導者であるミッシェル・ガーシア・ウィナーが**ソーシャルシンキング**®と呼んでいる物です。彼女が作ったソーシャルシンキング®の枠組み（www.socialthinking.com）は，子どもが社会性を持って考えることや社交上の問題を解決できるようになる方法です。

　考え方を強調することは，子どもたちが環境を理解したり，その時々に適合した最良のスキルを用いるために役立つ道具となり戦略となります。また，自分の行動が他者の考え方や，他者の自分に対する態度に影響を与えること，ひいては自分で自分のことをどう思うかを感じる力をつけることにもなります。(Winner, 2005)

　たとえば，子どもが試合をしているときに，だれかがケガをしたら，その子どもの気分をよくするためにどんなことをしたらよいかを考え，その子に思いやりの気持ちを持っていることを表すソーシャルスキルを使うことが期待されます。

　たとえば，試合を中断してその子のところへ行って，大丈夫かどうかたずねるというようなことです。そうすることによって，思いやりのある人間であることを示すだけでなく，ほかの子どもたちにもよく思われるようになるでしょう。

　ニューロティピカル（定型発達）の人にとっては，他者の視点を持つという考えは「自然」なことかもしれませんが，ソーシャルラーニングが困難な人にとっては，この複雑な概念は難しいかもしれません。

　ウィナーが開発した方法の一つで，この抽象的な概念を学習可能にする方法に，Four Steps of Perspective Taking　他者の視点取得の四つのステップ（P.9 参照）があります。

　この四つのステップが示しているのは，視点取得とは，特定の状況下で自分と同じように他者の考えや気持ちを考える，アクティブなプロセスであるということです。

他者の視点取得の四つのステップ （Winner, 2007）

> 1　あなたが私のそばへ来たとき，私はあなたを，あなたは私を，少ししかわかっていなかった。
> 2　私はあなたの意図を，あなたは私の意図について考える。なぜあなたは，私のそばへ来たのだろう？　私に何をしてほしいのだろう？　そばに来て，あなたは私に話しかけようとしているのだろうか？　それとも私を傷つけようとしているのだろうか？
> 3　あなたが私について考えているということ，そして，私もあなたについて考えていることに，私は気がつく。私たちは，お互いに，相手が何を考えているかを考えている。
> 4　あなたが私に，私の望むように心を寄せ続けてくれるよう，私は自分の行動を観察して，できれば行動を修正する。あなたも私に対して同じようにする。

　私たちのお互いについての考えは，とても小さくて無意識的ですらあることがよくあります。このプロセスでは，常に周囲の人に対してとても活発に考えます。そのおかげで，いつも周囲の人たちが私たちを快く思ってくれるためにはどうすればよいか，常に行動を調整することができるのです。

　最後に，**実行機能**について述べましょう。これは，計画して直接実行するために必要な認知プロセスです。（Dawson & Guare, 2010）
　実行機能には，感情と衝動のコントロール，注意力，動機，融通性，問題解決，計画性，整理，自発性が関わっています。実行機能によって，私たちの生来の感情をコントロールすると同時に，私たちの行動や，効果的なコミュニケーションを交すための能力を観察することができるのです。
　ワードとヤコブセン (2012) は，現在の認識を将来の予見と過去の経験による知恵と調和させる能力は，現在の行動や目的をきちんと計画することに関係している物だと，述べています。
　たとえば，もしハロウィンが二週間後だと知っている子どもが，バットマンになりたいと思ったら，親に早く伝えないといけないと，先のことを考えなくてはなりません。なぜなら，以前，人気のある衣装がすぐに売り切れてしまったことを，思い出したからです。
　予見と過去の経験に基づいて，落ち着いて計画し，整理し，目的を実行することは，大きな社会生活能力の一つです。これを実行機能と言います。

しっかり身につけよう！　学んだスキルを日常生活に組み込む

　子どもはたいてい，見たり，真似したり，他者から学んだりして，毎日の環境の中でどのように「社交的」になるかを学んでいくものです。しかし，自分の社会環境を通して，このようなスキルを直感的に学び取ることをしない子どももいます。
　これは，自閉症スペクトラムのような特定の診断による場合や，社会環境に触れたり練習した

りすることが少ない場合や，発達がほかの理由で遅れていることなどによることがあります。原因はなんであれ，子どもの社会性の発達の初期である「ぼく・私」のことだけを考えるところから，他者と関係を持って「ぼくたち・私たち」と考えられるようになるために，私たちは支援しなくてはなりません。そうすれば子どもはほかの人といることを楽しく思うようになり，社会的な目的を達成できるのです。

こうした子どもには，直接的な指導と支えが必要です。抽象的な概念を噛み砕いて説明し，練習させなくてはなりません。たとえば，「友だちに親切にする」ことを教えたければ，この抽象的な言葉を噛み砕いて説明し，定義し，どんな行動が親切な行動なのかを説明しなくてはなりません。（例：にっこり笑いかける，こんにちはと声をかける，おもちゃをシェアする）

そして，そのような親切な行動をすれば，相手がどのような気持ちになるかも説明します。ウィナーのソーシャルシンキング®（2005）の概念が示すように，誰かに親切にすれば，その人の気分がよくなり，その人は自分のそばにいたいと思ったり，友だちになりたいと思ってくれるようになるということを，子どもに理解させることができるのです。

そして，そうすることで，自分も幸福な気持ちになって，自分の行動や，自分についてよい気持ちになれるのだと，教えることができます。

子どもがある特定の状況で新しいスキルを学んでも，それがほかの状況にも当てはまるということに気づかないという問題もあります。逆に，同じような状況なのに，別のソーシャルスキルを使わなくてはならない場合もあるでしょう。

たとえば，学校で友だちとハイタッチをするのは，かっこいいことだと習ったら，運動場や，ほかの場所でよく知っている人や仲のいい人とハイタッチすることも学ぶことができます。しかしハイタッチを，先生や校長先生やお店のレジ係の人とするのは，かっこいいことではないだろうということも学ばなくてはなりません。

どの社会状況にどのスキルがふさわしいかを，状況を見て考えることが大切なのです。（Barry et al., 2003; Stewart, Carr, & LeBlanc, 2007; Vermeulen, 2013）いろいろな状況で多くの人とできるハイタッチのようなスキルを学んでも，それを場違いな使い方をすると問題になることがあるということが，理解できない子どももいます。たとえば，友だちがテストで悪い点を取ったと聞いて，その子とハイタッチしようとするのは，場違いで，失礼になるのです。

したがって，スキルを教えるときは，子どもがそれを正しく使うこと，そして友だちや学校で使うだけでなく，ほかの状況で出会う人たちとも使えるようにすることが大切です。どの状況にどのスキルを使えばうまくいくかは，それぞれの社会的な相互作用によってちがってきます。

しかも，相手との相互作用や関係において何が期待されているかを，その時々で瞬時に理解するための，ささいなヒントは，大変微妙で，見逃しやすい物です。

子どもがさまざまな環境で，学んだソーシャルスキルをじょうずに使えるように支えていくために，私たちは，このことを理解しておかなくてはなりません。

子どもがスキルを学んで，自分の普段の環境にそれを取り入れて，いろいろな状況で使うことを，「一般化」あるいは「キャリーオーバー（日常生活への持ち越し）」と呼んでいます。本書で確実に身につく（Make it stick）というのはこのことなのです。

保護者と専門家の共同作業

　スキルを日常生活に組み込むプロセスを育て維持するためには，子どもの周囲の人がみんな一緒に，常に子どもを支えていかなくてはなりません。家庭と学校が協力すれば，目的の行動がより早く取得できますし，前向きな行動が長い時間持続される可能性も大きくなるでしょう。(Koegel, Matos-Fredeen, Lang, & Koegel, 2011)

　その子どもの生活に関わる全ての人が先生なのです。なかでも，保護者や子どもの世話をする人は最も重要な先生で，子どもが学んだスキルを生涯を通じて，日常生活に組み込む機会を与えます。

　たいていの場合，両親がまっさきに，子どもに最も大きな影響を与え，最も重要なお手本となります。保護者は，スキルを教える先生や専門家と共同して，子どもがスキルを学び成功するよう導き励ます日常生活のコーチとならなければなりません。

　私は長年にわたって言語療法士として，また社会的認知の専門家として，子どもを支えてきました。ソーシャルラーニングと，自己抑制の分野の専門家に影響を受け，彼らの方法をソーシャル・レギュレーション（社会的抑制）が困難な子どもたちのセラピーに組み込んできました。

　こうしたスキルを効果的に教える方法を理解することはセラピストや教師にとって重要なことですが，それは，学校や診療所だけに限られたことではありません。私は，家族アプローチの重要さを信じるセラピストとして，また，ソーシャル面が困難なメンバーを家族に持つ者として，このことを痛感しています。

　さらに，私は親として，リサーチや試行錯誤を重ねて，子どもの社会面と感情面の成長のためのヒントや方法にみがきをかけてきました。週七日，毎日の生活と日常のスケジュールの全ての面に，この方法を組み込んでいかなくてはなりません。

　親としての役割だけでも大変なのに，と思われるかもしれませんが，本書に書かれているように，それを毎日のスケジュールの一部として組み込んでいけばよいのです。大騒ぎすることもストレスを感じることもありません。

　保護者だけでなく，ほかの家族，そしてその子どもの世話をする人がみな，ソーシャル・コーチになることが成功のカギです。それこそが，「ソーシャルスキルが確実に身につく」接着剤となるのです。

この本の使い方

　本書は，子どもが社会生活と感情面の能力を高め，社会に参加できるように支える保護者，先生，セラピストのための本です。
　特に，指示に従ったり，他者のことを考えたりするのが苦手な子どもや，**融通性**のない子ども，非言語的なソーシャルヒントが理解できない子ども，小さいグループで活動したり，会話に参加したり，自己主張したりするのがうまくできない子ども，「全体像を見る」ことや友だちを作ることが苦手な子どもに，この本は特に有効です。また，本書のアクティビティは，全ての子どもの社会生活と感情面の発達にも役に立つ物です。

　本書は，言語的ならびに非言語的なコミュニケーション，聞くスキル，かくれたルールの理解，視点取得，実行機能，などを高めるために，普段の生活の中で使うことのできる，「ソーシャルラーニング療法」のような物です。
　こうした概念を子どもが理解するためには，さまざまな場面での例や説明が必要なだけでなく，一日を通して練習することも大切です。これまでにほかの著書等で，一般的な役立つアクティビティが多く紹介されていますが，本書を読めば，具体的な一人ひとりの子どもとその家族に合った独自のアイディアや「療法」を作っていく助けにもなります。
　ただでさえ忙しい親に，もっと仕事を押し付けようというのではありません。これは，自然な毎日のルーティンの中で使うことのできるソーシャルラーニングを高める方法です。専門家や本を通して詳しい特定のソーシャルカリキュラムを使っている人にとっても，本書はサプリメントとなるでしょう。

　専門書の多くは，大きな全体像を説明したり，なぜ社会生活や感情面の発達が必要なのかを述べた，セラピスト向けの物です。**この本は，「なぜ」ではなく「何をどうすればいいか」について書かれた物です**。その時々に何をどうすれば，それが（スキルの）学びにつながるかということについての本なのです。
　保護者は，意識的に，そして無意識的に，すでに多くの方法を使って，子どものソーシャルスキルと抑制の発達を支えてきていることでしょう。それはすばらしいことですし，保護者のみなさんは，子どもがソーシャルスキルを身につけるために大きな役割を果たしていることに自信を持つべきです。

　先生やセラピストは本書を使って保護者に実用的な提案を与えることができます。状況に合わせて，子どもの自然な環境の中にソーシャルスキルを組み込んでいく練習方法です。本書には

187の楽しく簡単なアクティビティが収められていますが，中には，この分野の専門家たちの貢献による物もあります。自然な日常生活のパターンの中にある「学び」の瞬間を利用して，子どものソーシャル・レギュレーション（社会的抑制）を高めるアクティビティがまとめられています。

　保育園児から小学生までを対象にしたアクティビティは，それぞれの子どものレベルにあった創造性を刺激する物で，子どものスキルや必要性に合わせて個別化することもできます。子どもは一人ひとりちがいます。ここにあげたアクティビティや提案は，それぞれの子どもに合わせて作り変えてもよいのです。

　もし読み書きが困難であれば，子どもにアクティビティを読んで聞かせたり，子どもに言葉で伝えさせたりする方法を取りましょう。子どもに感覚処理や身体面での障害があるようなら，その子のできる範囲でアクティビティを調整してもよいのです。

本書の成り立ち

　この本は，第1章「家庭でのアクティビティ」，第2章「外出時のアクティビティ」，第3章「祝日や特別な日のアクティビティ」の三つの主要部分に分かれていて，それぞれ日常生活の中で，一日を通して，どんなことをすれば，子どもがより社会的に参加することができるかの提案がまとめられています。

　本書は，はじめから終わりまで通して読むように作られた物ではありません。アクティビティを特定の順番で行なう必要もありませんが，整理しやすいように，家庭でのルーティンは朝から順番に，祝祭日は一年のはじめから順に記してあります。家庭，外出時，祝日や特別な日，の各章には，日常のできごとや，毎週起こること，毎年のできごと，で多くの家族に共通していると思われる物を選びました。

　アクティビティにはそれぞれ，**「かくれたルール」**という表記がありますが，これは私たちが生涯を通じて守るべき，さまざまな社会状況下における暗黙のルールのことです。社会の規範を直感的に学ぶことのない人にとっては，この「かくれたルール」や「かくれたカリキュラム」(Myles, Trautman, & Schelvan, 2013) は複雑で分かりにくく，定期的に説明したり補強したりしなくてはなりません。

　たとえば，人のお皿から食べ物を取ったり，飛行機で人の座席にまで乗り出したりするのは失礼なことだと，私たちの子どもは知っているだろうと思うかもしれません。しかし，子どもはこうした「ルール」を知らないかもしれないのです。

　こうした社会のルールを教え，そういうルールが必要な状況の前，最中，後にも，社会のルールについて話すようにしましょう。かくれたルールは，語りかけの形になっていますので，それを参考にして，子どもたちに合わせて話してください。この本は，こうしたさまざまな状況と，

その状況にあったソーシャルルールについて話し合う，よいスタートとなるでしょう。

　この本のあちらこちらに，ワードとヤコブセン（Ward and Jacobsen,2012）の**「ジョブトーク」**という効果的な方法が記されています。これは，作業や行動を動詞で伝えるのではなく，「ジョブトーク」として，すなわち名詞として伝えようという物です。（詳しくは P.88 参照）

　動詞の終わりに「〜屋さん」と付け加えることで，その動作は子どもに取って「お仕事」となります。すると，子どもは自分が「〜屋さん」になったつもりになり，喜んでその作業にとりかかり，やり終えることができるようになるでしょう。

　たとえば，「お掃除してくれる？」という代わりに「お掃除屋さんになってくれる？」と言ったり，「あの山の写真を撮って」ではなくて，「カメラマンになって」という具合に。これは，子どもが自発的に動機を持って作業ができるようになるための物です。

　「ジョブトーク」は，質問としてでも要求としてでも行ってよいでしょう。試してみてください。言い方を少し変えるだけで，どれほど態度が変わるか，きっと驚きますよ！

　これらの多くは（全てではありませんが），ミッシェル・ガーシア・ウィナーが開発した「ソーシャルシンキング®用語」の一部です。言葉で説明しにくい，日常見られる状況で起こる抽象的な概念を大人と子どもが共有し合えるように説明された物です。

　たとえば，子どもがぼんやりしているとき，**「頭をまとめよう」**と言えば，子どもは，今起きていることについて考えなくてはならないのだな，と理解します。「ぼんやりしないで」とか「集中して」というより具体的なのです。本の巻末（P.100）にこうした用語とその定義をまとめました。

　本書の終わりには，アクティビティを理解し実行するのに役立つ方法や資料がまとめられています。また，本書の全てのアクティビティの索引と，それぞれが社会生活能力のどの面に役立つかも，索引に示されています。（P.89「この本の全アクティビティと強化が期待される社会生活能力（索引）」参照）

　アクティビティは，修正したり，変えたりしてもよいのです。子どもや家族によっては使えない物もあるかもしれません。必要な物を必要なときに，調整して使いましょう。本書のアクティビティがあなたや，あなたの周囲の人たちにとって新しいひらめきになればと願っています。

　いつも家族や子どもの世話をする人が手の届くところにこの本を置いて，毎日使ってみましょう。子どもの社会生活と感情面の発達をサポートするチームになりましょう。

　点を結んで全体像がわかるように，子どもが複雑な概念を理解し，人との相互作用が楽しく思い出深い物となることが目標です。毎日の生活にアクティビティを組み込んでいけば，子どもはきっと幅広い社会環境の中で，自信とスキルを身につけてくれることと信じています。

第1章

家庭でのアクティビティ

1 一日の始まりのアクティビティ

●今どんな気分？

毎朝子どもに，温度計の絵や，P.102の「今どんな気分？」の表から，その朝の気分を選ばせてみましょう。

どんな気分なのか，なぜそんな気分なのかを自分で言えるように手伝いましょう。

何かについて恐れていたり腹を立てたりしているのなら，なぜなのか説明できるように手助けしましょう。そして，気分がよくなるために何ができるか，考えさせます。

たとえば散歩をするとか，楽しくなるようなことをするとか。日に何度も，こうして気持ちを調べるのは，感情を制御するとてもよい方法で，大きな行動の爆発を防ぐことができます。

ジョブトーク　　　計画を立てる係になって！

●一日の計画を立てよう

その日の「一日の計画」について前もって教えておき，それぞれのできごとについて，どんな行動が**期待されているか**を話し合いましょう。

お店のレジに長く並ぶかもしれない。雨が降ったら公園に行けないかもしれない。というような，困難な状況が予測されれば，それについて前もって説明したり，状況を話しておきましょう。

B案（P.101参照），たとえば，雨が降ったら公園に行く代わりに映画に行こう，というような代案について話し合うのも，忘れないように！　この練習で不安が軽減し，**融通性のある考え方をする**のが苦手な子どもにとって，これはよい方法となります。

＊ジョブトーク：P.88参照。

●写真とマッチング

学校に行く準備がすっかりできたら子どもの写真を撮っておきましょう。翌日から，その写真を子どもに見せて，「こうすれば学校へ行く準備完了だよ！」と言いましょう。

髪をとかし，きちんと服を着て，学校のかばんを背負って準備完了！「写真のとおりにやってみよう」と言いましょう。このアクティビティは，状況に合った服装をするためのメンタル・イメージを培うのに役立ちます。（サラ・ワード Sarah Ward 提供のアクティビティ）

かくれたルール ●

1　朝起きたときに不機嫌でむっつりしていることはあたりまえ**（期待される行動）**かもしれないけど，周りの人に失礼なことを言ったり，いじわるなことをしたりするのは，よくない**（期待されない行動）**んだよ。（期待される行動・期待されない行動：P.101参照）

2　自分に変えられないことや，どうしようもないこともあるけど，いらいらしたりがっかりしたときでも，自分の気持ちをコントロールしなくてはいけないんだ。

＊かくれたルール：P.13参照。

2 学校へ行く準備をするときのアクティビティ

ジョブトーク　　気象予報士になって！

● **晴れそれとも雨？**

子どもが朝起きたら，外を見てその日の天気を判断させましょう。今日一日どんな天気になるのか，**賢い予測**（P.101参照）をさせてみるのです。「今日は休み時間に外で遊べると思う？」「傘やコートを持って行ったほうがいいかな？」「サッカーの練習は取りやめになるかな？」などです。人生は予測と問題解決と将来の計画に満ちているのです。

● **朝のしたくをしよう**

朝は忙しくて，てんてこまいです。みんながイライラする時間です。お弁当の下ごしらえや，学校のカバンの用意や，簡単で健康的な朝ごはんの用意を，子どもと一緒に前の晩にしておきましょう。

朝の手順を絵にしておけば，どんな行動が**期待されている**かがわかって，**計画に従う**ことができます。その日一日やる気になって，その日の準備ができるように，朝のしたくを，できるだけ子どもにさせてみましょう。実行機能と制御のよい練習になります。

● **目覚めのテクニック**

朝なかなか起きられなくて，学校の用意をするのがつらい子は，いろいろな調整の方法を使ってみましょう。たとえば，ひんやりしたシャワーを浴びるとか，運動するとか，楽しみにしていることについて考えてみるとか。楽しいことをしている写真をベッドのそばに貼っておけば，一日を始めるよい動機になるでしょう。

● **何を着ようか？**

まず，子どもに外の天気を見させましょう。どんなヒントが見えますか？　雲？　お日さま？　雨？　子どもが見た天気のヒントにしたがって，その日に着る物を決める手伝いをしましょう。曇っていて寒い日なら，「今日はセーターが必要だと思う？」と言ったり。

観察することの大切さを強調することで将来の計画や予測の力をつける，よい練習になります。

かくれたルール ●●●●●●●●●●●●●●●●●●●●●●●●●●●●●●●●●●●

1　着たいと思っても，それがいつもいいとは限らないよ。パジャマは家で着る物だし，ハロウィンの衣装はハロウィンのときだけに着る物で，学校で着る物ではないんだ。

2　寒い日には暖かい洋服，暑い日には薄い洋服を着ることが求められているんだよ。**（期待される行動）**

3　中が透けて見えるような服や，きつすぎて下着やお尻が見えるような服は着てはいけないよ。

4　夜よく眠らないと，学校で眠くなって，友だちと仲良くしたり勉強に集中したりするのが難しくなるんだ。すると，先生や友だちが，きみに対してよくない**（期待されない）**気持ちを持つようになるかもしれないよ。

3 食事の用意をするときのアクティビティ

ジョブトーク　　ピザ屋さんになろう！

● 夕食を作ろう

週に一度，子どもに夕食を作る手伝いをしてもらいましょう。ピザを作るような作業は，手順を学ぶことや，言葉を組み立てるよい練習になります。

調理のそれぞれの過程が分かるような写真を，雑誌や広告から切り抜いたり，パソコンからダウンロードしたりして，それぞれカードに貼りましょう。

たとえば，ピザの台を伸ばしているところ，トマトソースを塗っているところ，チーズを乗せているところ，焼いているところ，切り分けてお皿に乗せているところ，など調理の順序がわかるようにしましょう。手順を学ぶことは，実行機能など日常のさまざまなスキルに使えます。

● 献立はなあに？

台所を見回して，今日の夕飯の献立が何なのか，推測させてみましょう。「どんな物が見える？」「匂いはどう？」「食卓にどんな物が出てるだろう？」など子どもにいろいろな質問をさせて，ヒントを与えましょう。

献立を当てることができたら，次に，どんな材料が必要かを一緒に考えましょう。パンなら，バターも食卓に出そうか？　サラダならドレッシングもいるかな？　このアクティビティで，子どもは**ソーシャル探偵**（P.101参照）になって，**賢い予測**ができるようになります。

● 食べ物はどこから来たの？

その食材がどこから来たのかを子どもに考えさせてみましょう。たとえば，野菜は農家の人が植えて育てた物だと気づいたら，農場で働くのはどんなことだろう？　と想像したり，サラダの中のいろいろな野菜が，いろいろな場所から来ているということを考えたりするでしょう。

たとえば，トマトの入っていた箱や包み紙を見せて，生産地がどこに書いてあるか視覚的なヒントを与えてあげてもいいでしょう。

食べ物は人が一生懸命に働いて心を込めて作った物だということがわかれば，もっと食べ物をありがたいと思うようになるかもしれません。

食べ物が魔法のように突然食卓に現れるのではないことも，わかるでしょう。

▶ かくれたルール ●

1　料理を手伝う人は，その前に手を洗うことが求められているんだよ。**（期待される行動）**

2　みんなのために料理を作っているときは，指を食べ物につっこんだり，ちょっと食べてみたりしてはいけないよ。**（期待されない行動）**

3　料理をしているときや食べ物を扱っているときは，髪をまとめて後ろでしばったり，帽子をかぶったりしよう。食べ物に髪の毛が入ると不潔なだけでなく，周囲の人が不愉快な気持ちになるよ。

# 4 友だちやきょうだいと遊ぶときのアクティビティ

● **特別な場所づくり**

子どもがほかの子どもたちと遊ぶ特別な場所を作りましょう。

1 みんなにとって安全で，親しみのある，魅力的な場所にしましょう。
2 子どもの好きな物で，ほかの子にも楽しめるような物を用意しましょう。
3 好きなおもちゃを入れた「おもちゃ箱」や，アクティビティや楽しいテーマをそろえた場所にしましょう。
4 「おもちゃ箱」には，たとえばキャンプがテーマならテントの絵のような，視覚的な目印をつけたラベルを貼っておきましょう。

● **特別な時間**

子どもがほかの子たちと遊ぶ特別な時間を決めましょう。

1 できるだけ定期的に，子どもが友だちと遊ぶ時間を作りましょう。たとえば，火曜日と木曜日の学校のあとの一時間とか，週末の間に二時間というように，決めるとよいでしょう。
2 遊びの手順に入って行けるように，絵で予定を作っておきましょう。（P.106 参照）

● **遊びの手順**

遊びの時間は，いつも同じ楽しい手順を踏んで行いましょう。

1 **はじめにすること**：軽くあいさつをして，いっしょに遊びましょうと説明し，年齢にふさわしい歌をうたったり，みんなで歓声を上げたりしましょう。たとえば，子どもの手と手を重ねさせて，みんなで手を持ち上げながら「遊ぼう！」と叫ばせてみましょう。
2 **遊びの指導**：はじめにすることが終わったら，30 分〜 45 分を遊びの時間にあてましょう。
3 **終わりにすること**：かたづけ，おやつ，そしてさようならの歌を歌ったり，みんなで歓声を上げて終わりにしましょう。

● **みんなで楽しもう！**

みんなが楽しめるように，子どもを指導しましょう。

1 子どもたちに共通の興味がないか探すのを手伝いましょう。あなたの子どもの特別な興味や好きな物，お気に入りのアクティビティやテーマにそった遊びはどうでしょうか。たとえば，子どもが汽車が好きなら，ほかの子たちに，汽車ごっこをしないかと提案してみます。
2 子どもたちの遊びに従いましょう。子どもに遊びをリードさせて，遊びの流れを決めさせましょう。小さい汽車をつないで，線路にそって走らせてみましょう。次に，小さい箱をいくつか色を塗って，汽車に見立て，ひもでつないで，子どもがひっぱれるようにしましょう。

かくれたルール ●

1 みんなも自分の好きなおもちゃで遊んだり，興味のあることをしたいと思っているんだよ。だから，きみが友だちの好きなことに興味を示してあげれば，きっと友だちも同じようにしてくれるよ。
2 きょうだいにもいろいろな気持ちがあるんだよ。けんかすることがあるかもしれないけど，気持ちを考えてあげようね。そうすれば，きみの気持ちを考えてくれるようになるよ。

5 ゲームをするときのアクティビティ

● ルールを知ろう

楽しく遊ぶためのルールの例

1　ほかの人が遊んでいるところを見て，頭で考えてみよう。（いつその子の番なのかを観察したり，どんなふうにゲームをしているかを見てみよう）
2　友だちとゲームをしているときは，みんなのそばにいよう。（一人であちこちをぶらついたりしないで，友だちと一緒にいて，友だちの方を見ていよう）
3　親切な声や親切な言葉を使い，親切な行動をしよう。
4　おもちゃは，友だちと一緒に使おう。

　子どもと一緒にルールを作りましょう。ルールは絵にしておけば，どう振る舞ったらいいかがわかって，遊びに集中できるでしょう。

こんなふうに遊べばいいんだ！

楽しみが増えるよ！

● 楽しみを増やそう

　子どもが友だちと楽しく遊べるように，前向きな行動や態度をとることを「楽しみが増えるよ！」と親しみの持てる言い方で教えましょう。

　なかよく遊べないのは「楽しみを減らす」ことです。

　このような言い方を使えば，自分の行動が周囲に影響を及ぼすということが理解できるようになります。

　みんな楽しみたいのです。みんなで一緒に楽しみを増やしましょう！

● 公平に遊ぼう

　問題を解決するときは，じゃんけんを使うように教えましょう。どのゲームをするかとか，どんなルールで遊ぶかとか，順番を決めるときとかには，じゃんけんで決めるとよいでしょう。

　グーはチョキより強くて，チョキはパーより強くて，パーはグーより強いのです。あいこになったら，もう一度やりましょう。

　もめ事を解決したり，歩み寄ったりしなくてはならないときに，じゃんけんを使うと便利ですね。コインを投げて表が出るか裏が出るかを当てたり，くじを引いたりするのでもいいでしょう。
(Leah Kuypers)

ジョブトーク　　リーダーになりたい？　それとも子分になりたい？

● **ほかの子のゲームもしよう**

遊びたいゲームのリストを作りましょう。（例：テレビゲーム，トランプ，オセロ）だれがゲームを選んで，ゲームのリーダーになるかをきめましょう。時間を決めて，リーダーのやり方にしたがいましょう。

時間が来たら，次の子の選んだゲームで遊び，また時間が来たら，その次の子の決めたゲームをしましょう。これは**融通性**や妥協することを覚える練習になります。**融通性のある考え**（P.100参照）を持つ子どもになるでしょう。

ジョブトーク　　投票者になってよ！

● **決められないときは投票で決めよう**

グループで遊んでいるときに，どのゲームをするか決められないときなどは，二つか三つにしぼって，どれをしたい子が一番多いか，投票して数を数えましょう。くじでその日のゲームを決めてもよいですね。

子どもが投票で決めたがらない場合もあるかもしれませんが，このチャンスに**融通性**を持つことを教えることができます。投票は学校や運動場などいろいろな場所で行なわれますから，大切なスキルです。

かくれたルール

1　ルールを守って遊ぶと，楽しみを増やせるよ。ルールを守らない子がいると，楽しみが減るよね。

2　きみがそのゲームに飽きてしまったり，もうしたくないと思ったときは，ほかの子たちに別のゲームをしたいかどうか，このゲームをもうやめたいかどうか聞いてみよう。

そうするのがいいこと**（期待される行動）**なんだ。つまらないからと言って，離れて行ってしまってはだめだよ。

6 ごっこ遊びをするときのアクティビティ

● **衣装を着てみよう**

　小さい子どものために，箱一杯の衣装を用意しましょう。好きな衣装をつけて，だれかになったり，何かになったりするよう勧めてみましょう。

　大人も子どもに戻って，衣装を着けてみたり，子どもの遊びに従って，たとえば子どもがお医者さんなら患者になってあげましょう。

　お父さんや動物や絵本のキャラクターになったふりをするのは，人の立場に立ってみることや，視点取得（P.9参照）に役立ちます。これは対人関係においてもっとも重要なスキルです。

● **箱で遊ぼう**

　子どもは大きな箱を使って，家やお店やお城，ゴーカートやロケットなんかを作るのが大好きです。友だちを招いて遊ばせたり，ぬいぐるみでごっこ遊びをさせてみましょう。

　家庭で，よく知っている人たちとこうした想像のスキルを練習するのは，想像力をつけたり**融通性**を持って物事を認識する練習にうってつけです。

　このスキルによって，子どもたちは，物事をちがった角度から見たり，ほかの人の視点で見たりすることができるようになります。

| ジョブトーク | **脚本家や俳優になりたくない？** |

● **お話を演じよう**

　子どもにお話を書かせてみましょう。（字を書くのが困難なら，大人が代わりに書きましょう）そしてそのお話を無言劇にしてみましょう。

　あなたは，子どものお話の中の言葉ではないヒントを理解したり，お話の内容が理解できるでしょうか？

● **ロールプレイをしよう**

　いろいろな状況をリストにしてカードに書いてロールプレイをしてみましょう。（たとえば，お誕生日会へ行くとか，友だちを呼んで一緒に遊ぶとか）

　このアクティビティを通して，ほかの人の視点に立って見ることや，こうした状況の様子や感じを認識することができるようになります。

指人形：パペットを使って社交の場面の練習をするのも，子どもにしてもらいたい行動を演じさせたり，何を言ったりしたりすれば相手の気分をよくすることができるかを理解させる，よい方法です。

　　　　パペットを使ったロールプレイをしながら問題解決をしてみましょう。たとえば，劇

を作って演じたり，社交の場面の指人形劇を作ったりして，指人形に演じさせたりしてみましょう。

ぬいぐるみ：ぬいぐるみや指人形を使った方が話しやすいという子どももいるでしょう。ぬいぐるみの動物に，それぞれちがった感情を持たせて，子どもの今日のできごとや，気持ちを動物を通して表現させてみましょう。

　このアクティビティの途中や，もしくは終わってから，P.102の「今どんな気分？」の表を使って，子どもの気持ちを調べてみましょう。「今どんな気分？」の表が手元になければ，このアクティビティをしてどんな気持ちになったかを，たずねてみましょう。

● とりでを作ろう

　机の上にシーツをかぶせて中が暗くなるようにしましょう。中に毛布やまくらや目覚まし時計や懐中電灯を入れて，子どもの好きなぬいぐるみと一緒に，パーティやピクニックやキャンプをしましょう。

　親やきょうだいや近所の人を招いてもいいでしょう。人を呼ぶときは，招待とあいさつを練習して，よいホストになりましょう。

　一つのアクティビティが終わったら，次にどんなことが起こるかを考えさせてみましょう。

　たとえば，キャンプごっこなら，まずテントを立てて，次に何をするか考えさせましょう。（例：キャンプファイヤーでマシュマロを焼いて食べたあとは，ピクニックやハイキングをしますか？）

　これは考えるスキル，とくに，順番や計画や予測をするのに役立ちます。

> **かくれたルール**
> 1　友だちが家に遊びに来てくれたら，その子の好きな遊びをすることが親切なんだよ。
> 2　遊んだあとの，かたづけも遊びの一部だよ。おもちゃをちゃんとしまっておけば，バラバラになったり，部品がなくなったりしないし，あとで遊ぶときにも便利だよね。

家の中で退屈しないで遊ぶアクティビティ

● **風船で遊ぼう**

子どもに風船をふくらまさせましょう。一人に一つずつ，一人で遊んでいるのなら両手に一つずつ持たせます。

そして風船の口をしばらないまま，手から放し，飛ばします。ゴールラインを決めたり，壁をゴールにして，競争しましょう。

風船の口をしばって，風船が床に落ちないで，できるだけ長く浮いているように，バレーボールをしてもよいですね。室内で友だちと遊ぶのに適したゲームです。

このようなタイプのゲームは，言葉をあまり使わないので，相手と目を合わせるアイコンタクトの練習や，協力，コーディネーション，**融通性**を育てる練習になります。

> **ジョブトーク** あなたが建築士（2 隠す係，探す係，3 プレイヤー）だよ！

● **言語を使わないゲーム**

言葉を使わないで次のゲームやアクティビティをしてみましょう。

1　子どもと一緒に積み木でタワーを作りましょう。あなたと子どものどちらかが，言葉を使わずに指示して，もう片方が指示通りに積み木を積みます。目や指や体を使ってどこに次の積み木を置くかを指示しましょう。

2　おもちゃを一つ隠して，子どもに探させるゲームをしましょう。隠し場所に近づいたら，言葉でなく顔の表情で，近いことを知らせます。遠くなったときも同じように表情で知らせます。

3　複数の子どもたちで順番にゲームをしているとき，次の番がだれなのかを，みんなの目づかいで，知らせましょう。

これらのゲームは，アイコンタクトや，非言語的なヒントの理解や，ほかの人のことを考えるよい練習となります。

> **ジョブトーク** 見つけ屋さんになろうか？ 探し屋さんになろうか？

● **宝探し**

家のあちこちにヒントを置いて，「宝物」を探させましょう。

たとえば，「一つ目のヒントは，食べ物を冷やす大きな電気器具の上だよ」。子どもが冷蔵庫にたどりついたら，そこには「お気に入りの大きなクッションの下を見ろ！」とか「つぎのヒントは丸くて甘い物が入っている壺の下だよ」というように。

字が読めない子どもには，写真でヒントを作ったり，ヒントを読んであげてもいいですね。このように指示にしたがったり，ヒントを探したりできるようになることは，社会生活にとって大変重要な能力です。

● **まねっこゲーム**

あなたが電話をかけたり，友だちにあいさつしたり，社交的な言葉をかけたり（「週末は楽しかったですか？」「映画おもしろかった？」），だれかを励ましたり（「台所をきれいにかたづけて

くれてありがとう！」），親しみを表す表情をしたりしているところを，子どもにまねさせてみましょう。まねをすることは，ソーシャルラーニングの要素の一つです。

ジョブトーク　　ダンサーになる？　それともＤＪになる？

● **フリーズダンス**

グループで遊ぶゲームです。一人が音楽のスイッチを入れたり切ったりする係になります。音楽が止まると，全員そこでダンスをやめてフリーズ（静止直立）しなければなりません。動いたら退場です。

パーソナルスペース（個人の領域），空間の中での自分の体の認知，ほかの人の領域との境界を考えることに役立つ練習です。

複数の人のいる環境で，自分をどう制御するか，また（動いてしまって退場させられても深刻にならないような）**融通性**を持たせる練習にもなります。「椅子とりゲーム」「だるまさんが転んだ」も同じような効果があるでしょう。

このアクティビティの途中や終わってから，P.102 の「今どんな気分？」の表を使って，子どもの気持ちを調べてみましょう。「今どんな気分？」の表が手元になければ，このアクティビティをしてどんな気持ちになったかを，たずねてみましょう。

ジョブトーク　　ウエイターになる？

● **お店屋さんごっこ**

家の中に，ジュースやクッキーを売るスタンドを作って，笑顔で接客する練習をしましょう。事前に，どんなことを言うかリハーサルしましょう。（たとえば，「いらっしゃい。つめたいレモネードはいかがですか？」「ほかに何かいかがですか？」「ありがとうございます。またおこしください」）これは会話のスキルを育て，人の要求を満たしてよい気分にする練習になります。

かくれたルール

1　毎日だれでも退屈することはあるんだよ。でも，退屈だという後ろ向きな気持ちは，きみの「個人的な気持ち」だから，頭の中にしまっておこうね。周囲の人に「退屈だよ」と言わないようにしよう。

2　コミュニケーションは，言葉より，言葉を使わない方法で行なわれることがずっと多いんだよ。調査によれば，人は 80％のコミュニケーションを言葉を使わないで行なっているんだって。相手の顔や体が出している大事なメッセージをよく見よう。

3　ゲームをしているときは，パーソナルスペースをちゃんと守ろう。相手にあまり近づき過ぎないように注意しよう。どのくらい近づいてもいいかは，相手の表情やジェスチャーを見ればわかるよ。

お手伝いをするときの　アクティビティ

● 掃除機かけのお手伝い

　掃除機をかけるお手伝いをしてもらいましょう。どの家具や物を動かせばいいのかをあてるゲームです。掃除機を椅子などのそばに持って行って，ジェスチャーで何をどけてほしいかを伝えます。（例：笑顔で示したり，指を使って合図したりします）

　掃除機の音がうるさくて声が聞こえないので，ジェスチャーや表情で理解しなくてはなりません。鋭い観察力や非言語的なヒントに注目するよい練習です。

　大きな音に過敏な子どもにはこのゲームは向きません。

ジョブトーク　　　食卓係になってね！

● **食卓の用意をしよう**

　その日の夕食に必要な物を，食卓に並べさせてみましょう。たとえば，その料理にはスプーンが必要なのか考えさせたり，だれがどこに座るのか，だれが何を飲むのか，などを話し合ってみましょう。人のことを考えるよい練習になります。

● だれの服だろう？

　家族の洗濯物を子どもと一緒に仕分けましょう。どの服がだれの物か，子どもに**賢い予測**を立てさせましょう。たとえばサイズやスタイルなどを一緒に調べながら，だれの物かを考えましょう。

　人のことを考えたり，問題解決をしたりするスキルを高めます。

ジョブトーク　　　お家のお掃除屋さんになってね！

● **写真に合わせておかたづけ**

　子どもの部屋がきれいに片付いているところを写真に撮りましょう。おもちゃや本棚がきちんと並んでいる写真でもいいでしょう。

　写真を子どもがよく見えるところに貼っておいて，掃除をするように言うときは，「写真と同じに」するように言いましょう。

　状況の認識や，片付け終わったらどうなるかが視覚的に理解できます。(Sarah Ward)

ジョブトーク　　お家のお掃除屋さんになってくれる？

● **お掃除を遊びに変えよう**

探偵ごっこをしようと子どもに言って，「みっけ！」ゲーム（P.51参照）のように，部屋の中で片付けたり掃除をしたりしなくてはならない所を，子どもに探させましょう。

子どもが一人でできること，子どもと大人が一緒にすること，大人にしかできないことのリストを作りましょう。

そして，片付けた後の様子を片付ける前に絵に描かせてみましょう。たとえば，寝室を片付けたところの絵などです。

その絵に合わせて自分でできるところから掃除を始めさせて，お手伝いできたことを，しっかりほめましょう。

家をきれいに片付けるのは家族のための仕事です。子どもはきっと家族のためになれたことを誇りに思うでしょう。

かくれたルール

1　汚れたお皿から物を食べるのは，よくないことなんだ**（期待されない行動）**。お皿やおちゃわんを食卓に並べるときは，きれいに洗ってあることを確かめようね。

2　鉢植えの植物は，数日おきに水をやればいいんだよ。水をやる日を計画表にして，その通りにしよう。葉っぱが茶色くなるまで延ばさないようにね。

3　掃除機をかけるときは，まわりの人のじゃまにならないかどうかを聞いてからにしよう。寝ていたり，テレビを観ていたり，読書をしていたりすると，掃除機の音がじゃまになるかもしれないからね。

9 ペットの世話をするときのアクティビティ

● 名前を決めよう

　ペットを飼ったら，子どもに観察させましょう。毛は何色かな？　どんな模様？　いつも寝ているのかな？　走り回っているのかな？

　こんな観察をしたら，その動物の特徴にあった名前を付けさせましょう。シロとか，ブチとか，ジャンプ，とか。特徴をつかんだり，観察をしたりすることで，ペットにぴったりの名前を決めることができます。

ジョブトーク　美容師さん・お散歩屋さん・ブラシ係・えさ係になってね！

● ペットの世話をしよう＝責任感を育てよう

　ペットには水と食べ物が必要です。予定表を作って子どもにさせてみましょう。親子がともに成長するための強化練習の一部として，親と一緒にするのもよいでしょうし，お小遣いをもらうためにするのでもよいでしょう。

　ペットに運動をさせたり，きれいにしてあげたり，かわいがってあげたりするためには，どんなことをしたらいいか，子どもと一緒にいろいろ考えてみましょう。

　お風呂？　ブラシかけ？　お散歩？　ペットの世話をすることで，責任感が育ち，自信もつきます。

ジョブトーク　トレーナーになってね！

● ペットに芸を教えよう

　子どもは犬に，おすわり，お手，伏せ，などいろいろな芸を教えるのが大好きです。子どもが犬の芸を家族や友だちに披露することで，表現力や自信がつきます。

　このアクティビティの途中や終わってから，P.102 の「今どんな気分？」の表を使って，子どもの気持ちを調べてみましょう。

　「今どんな気分？」の表が手元になければ，このアクティビティをしてどんな気持ちになったかを，たずねてみましょう。

● ペットの気持ちをあてよう

　ペットは優れた友となるだけでなく，感情認識や共感を育てる手助けにもなります。

　子どもに観察させて，ペットの気持ちや要求を，非言語的なヒントから読み取らせる練習をしましょう。（おなかがすいているのかな？　疲れているのかな？）

　子どもが出かけるので犬がションボリしているのなら，どうすれば，犬の気分がよくなるか（たとえば，留守の間，遊べるおもちゃを与えるなど）考えてみましょう。

　常に子どもに愛情を注いでくれる，けむくじゃらのよき友！　ペットはいつも頼りになります！

● ペットといればいい気持ち

　ペットを抱きしめると前向きなよい気分になるという人もいます。

　子どもが悲しんでいたり，腹を立てたりしているとき，ペットを抱っこしてちょっと休んでみようよ，と言ってみましょう。

　ペットに自分の気持ちを話すのもよいですね。

　ペットはよい聞き手になってくれますし，家族のだれよりも，寛大かもしれません！

　ペットがいれば，寂しさがやわらぎます。子どもを支えるよい友となるでしょう。

　かくれたルール ●●●●●●●●●●●●●●●●●●●●●●●●●●●●●●●●●●

1　ペットがえさを食べているときは，お皿を触ったりすると噛まれるかもしれないよ。
2　よその人のペットは，飼い主に聞いてから触ってね。

10 テレビを見るときのアクティビティ

● **家族の好きな番組はどれ？**

　子どもがよく知っている番組を三つあげて，それぞれの番組を，家族のだれが見たいと思うか，なぜそう思うか，考えさせてみましょう。

　人のことを考えたり，人の好きな物について考えるのによいアクティビティです。

● **出演者の気持ちと考え**

　テレビで番組や映画を見ながら，子どもが自分やほかの人の視点や感じ方を学ぶゲームをしましょう。番組の中で，特定の考えや気持ちに気付いたら，声に出して言ってみましょう。

　まず，出演者の考えや気持ちについて考えてみましょう。それから，今見ている物についての自分の考えや気持ちも話させてみましょう。

　最後に逆の立場に立って，番組を見ているあなたや家族がどんな気持ちなのかも，考えさせてみましょう。みんな同じでしょうか？　それともそれぞれちがいますか？　(Michelle Garcia Winner)

● **家族でテレビを見よう**

　家族で一緒にテレビで番組や映画を見る習慣をつけましょう。見る物をだれが決めるか，予定表を作りましょう。家族がそれぞれどんな番組を選ぶか，子どもに**賢い予測**をさせましょう。

　自分が見たくない物でも見られるように，**融通性**を持たせる練習になります。

● **キャラクターについて考えよう**

　子どもに好きな番組を一つ選ばせて，出てくるキャラクター一人を挙げて，その人の役を説明させましょう。

　そのキャラクターの好きな物，きらいな物，ほかの登場人物との関係などについても，一緒に考えてみましょう。視点取得（P.9参照）のよい練習になります。

ジョブトーク　　テレビ探偵になってね！

● **キャラクターの気持ちをつかもう**

　感情や表情やジェスチャーが大げさでわかりやすいキャラクターの出てくる番組を，子どもと一緒に選びましょう。(例：サザエさん，ドラえもん，など)

　録画を一緒に見ながら，「ときどき画面をストップして，何が起きているか話し合おうね」と前もって言っておきます。

　しばらく見ていて，子どもがキャラクターや筋がわかってきたところで，画面を止めて，キャラクターが，今どんなことを考えたり，どんな気持ちなのかを観察させ，話をさせてみましょう。

　非言語的なヒントを理解することは，社会的な相互作用に欠かせない物です。

ジョブトーク　　観察者になろう！

● **メディアを使ってソーシャルスキル**

　テレビ映画やコマーシャル，番組を見ながら，出演者の行動について話しましょう。その人の気持ちや，何が起きているのかなど。

　その人がどんな行動をしていて，それが周囲の人をどんな気持ちにしているか，なども話し合いましょう。

　悪い態度や危険な行動が出てきたら，こういうことは実際の世界では許されないのだと，強調しましょう。

　たとえば漫画のキャラクターがダイナマイトで遊んでいたら，これはおもちゃではなくて，本当はとても危険な物だと説明します。

　テレビや映画には，学ぶチャンスがたくさんあります。人の気持ちや考えを理解する力をつけ，ある行動が人をどんな気持ちにさせるかも理解させることができます。

かくれたルール

1　みんなとテレビを見るときは，自分の好きな番組が見られるとはかぎらないんだ。みんなで一緒にいるときは，柔らかい頭を使うときだよ。

2　みんながテレビを見ているときは，テレビがよく聞こえるように，小さい声で話そう。

3　だれかがテレビを見ているときに，リモコンをつかんだり，チャンネルを変えたりするのはよくないこと**（期待されない行動）**なんだ。

11 家族で過ごす時間のアクティビティ

● 写真を見て話そう

家族アルバムを見ながら，家族で何かをしたときのことや，そのときのみんなの気持ちを話し合ってみましょう。（例：お誕生日パーティや家族旅行の写真を選んで，楽しかったことを話しましょう）

写真のような言葉ではない社会的な手がかりを読みとるよい練習になります。このアクティビティの途中や終わってから，P.102の「今どんな気分？」の表を使って，子どもの気持ちを調べてみましょう。

「今どんな気分？」の表が手元になければ，このアクティビティをしてどんな気持ちになったかを，たずねてみましょう。

● 気持ちのスクラップブック

雑誌の中から，顔の表情のわかりやすい写真を切り取って，気持ちのコラージュをつくりましょう。それぞれの写真の顔はどんな気持ちを表しているのか，写真の下に書きましょう。

どうしてその気持ちを選んだのか，子どもと話し合いましょう。

必要なら，あなたならどんなときに楽しくなったり悲しくなったりするか言葉で言ってお手本を示したり，「この前，せっかくブロックで作った車を落としてこわしてしまったとき，悲しくなかった？」と間接的に促すのでもよいでしょう。

| ジョブトーク | インタビュアーかレポーターになってみる？ |

● 家系図を作ろう

写真を使って，家族の系図を表にしたり木にしてみましょう。

家族みんなの写真を厚紙にテープかノリで貼って，写真の下に名前と，その人の好きな物を書き込みましょう。

家族にインタビューして，情報を集めてもいいですね。台本を用意しておいてインタビューするのもよいでしょう。（例「好きな食べ物は何？」「好きな色は？」）

人のことを考える視点取得（P.9参照）のよい練習です。

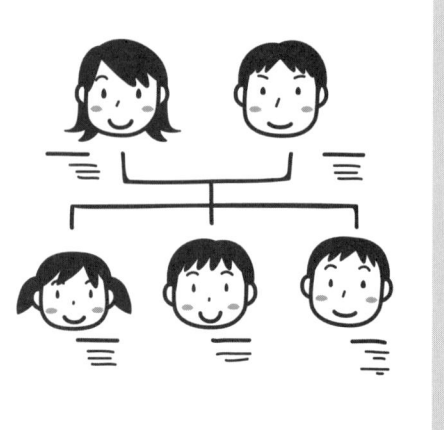

＊ジョブトーク：P.88参照。

ジョブトーク　　考える人になろう！

> 今おかあさん、何していると思う？

● **今あなたのことを考えているよ**

ものごとについて何か考えているということを，幼い子どもでも認識することが大切です。楽しいゲームにしてみましょう！

子どもと一緒にいるとき，とても思いがけないことや，ばかげたことをしてみましょう。

たとえば，ボウルを抱えて床に座ってクッキーの材料をかき混ぜたり，ソファの上に立って，一緒にテレビ映画を見たり。

「あなたは今，私について何か考えてるよね。どんなことを考えてるのか教えて」と子どもにたずねてみましょう。

次は，逆に子どものしていることについて，あなたが言ってみましょう。すばらしいことをしていたら，笑顔でハグして，「あなたについて今考えているよ。なんて才能のある / すばらしい / やさしい子なんだろうって！」

もし子どもがよくないことをしているようなら，その行為についての考えを子どもとシェアしましょう。

「きみのことを考えているよ。もう寝ていなくてはいけないのに，まだ寝てないよね。すると，きみについて，ちょっと不愉快な気持ちになってしまうよ」と。(Michelle Garcia Winner)

● **家族のことを考えよう**

家族の一人ひとりと一緒にしたいことや，家族が何をしたいのかを考えてみましょう。子どもが家族と一緒に何か楽しいことをしているところの絵を描かせましょう。

まず，あなたが家族としたことについて話してお手本を示しましょう。それから，子どもにも同じように，家族のことや一緒にしたことを話させてみましょう。

自分と家族についての話を，友だちやほかの人と共有するのは，絆を作ったり深めたりするだけでなく，自分や自分の考えについて理解を深めるためにも役立ちます。

かくれたルール ●

1　家族や子ども時代のことを話すのが好きな人も，そうでない人もいるよ。もしきみがだれかに家族について質問して，その人が話題を変えたら，ほかの話をするようにしよう。

2　好きなことは年齢によって変わることがよくあるんだ。去年好きだったのに，今はもうちがうかもしれないから，前もって聞いてみよう。

12 家族で遊ぶときのアクティビティ

● 言葉遊びで息抜き

言葉遊びは，言葉にはいくつか意味があることを教えるのに役立ちます。たとえば「イルカはいるか？」「ごみを食べるトリは？（答え：ちりトリ）」のように。

夕食時や，家族団らんのときに言葉遊びの練習をしておけば，友だちにもうまく言えるようになるでしょう。

言葉遊びには緊張をほぐして周囲の人を居心地よくさせる効果があり，ユーモアで人とつながったり友だちを作ったりすることができます。

でも，同じ言葉遊びを同じ人に何度も言うと，もうおかしくなくなるということを，子どもに注意しておきましょう。

ジョブトーク　　音楽家や詩人，歌手になってみよう！

● かくし芸大会

部屋の入口にシーツか毛布をぶら下げて，おもちゃのマイクかヘアーブラシをマイクに見立てて，家族でかくし芸大会をしてみましょう。

歌や寸劇やマジック，詩やお話の朗読などを披露しましょう。

何人かで一緒に計画してみましょう。グループで音楽演奏や寸劇をするのは大変ですが，グループで作業をすることや人のことを考えるための，よい練習になります。

子どもの自信を育てて，学校でほかの子どもと一緒に学芸会に出られるようになるかもしれません。

ジョブトーク　　ドッグトレーナー，トリマー（ペットの美容師）になろう！

● ペットの芸を披露しよう

ペットに芸を教えさせ，子どもに，家族かくし芸大会や，お客さんが来たときに，披露させましょう。

多くの子どもにとって，ペットや動物を使うことは，おもしろいし，緊張を和らげてくれるので，社会的相互作用を促進します。

ジョブトーク あなたが俳優，私たちが観客だよ！

● **ジェスチャーゲーム**

　楽しい，わくわく，怒り，退屈など，いろいろな気持ちを書いたカードを作りましょう。言葉や道具を使わないで，その気持ちを演じて，見ている家族があてるゲームをしましょう。

　じょうずになったら，動作（例：ケーキを作っているところ，自転車に乗っているところ，誕生パーティをしているところ）を加えてみましょう。

　非言語的なスキルを育てたり，ほかの人が言葉を使わないで伝えようとしていることを解釈したりするのにうってつけの方法です。

● **いろいろな才能**

　自分には才能がないから，人前で演じるのはいやだという子どもが（大人も）たくさんいます。

　子どもが自慢に思えるようなこと，たとえば県名や各県のゆるキャラの名前を全部言うことや住んでいる町の全ての駅名を言えたり，というようなことを見つけ出しましょう。このような役に立つ価値あるスキルを，認めてあげることが大切です。

● **家族劇をしよう**

　劇を演じるのは，ほかの人の立場に立ったり，人の考えや行動について考えたりする大変よい練習です。演じるためには，非言語的なコミュニケーション方法を理解し使用することが必要になります。

　たとえば，劇で動物を演じるのであれば，動物の様子や行動を考えて，その動きやジェスチャーをまねさせてみましょう。（例：4本の足で鼻をふりながらゆっくり歩く象のように）

　かくれたルール ●

1　ステージに立つのは楽しいことだけど，ほかの人ともシェアしよう。自分ばかり出たがったり，ステージをひとりじめしていると思われないようにね。

2　ペットの芸を見せるのはよいことだけど，ペットは大切にやさしく扱おうね。

3　同じ言葉遊びを何度もくりかえすと，いらっとされるし，おもしろいと思ってもらえなくなるよ。

4　人をからかう言葉遊びや，下品な冗談は言わないように注意しよう。

13 絵を描いたり工作をしたりするときのアクティビティ

● まごころカードを作ろう

友だちに送るカードを作ったり，家族や友だちのために絵を描きましょう。相手の好きな色を考えたり，子どもとその人の関係にとって何か特別なことを書くのを手伝いましょう。

相手の人には，ペットがいますか？ いれば，ペットについて質問したり，ペットの絵をカードに描いてあげましょう。友だちが最近旅行をしたのなら，「楽しかったか聞いてみれば？」とアドバイスします。

このアクティビティは，子どもに会話能力をつけ，人とつながるスキルをつけます。このアクティビティの途中や終わってから，P.102 の「今どんな気分？」の表を使って，子どもの気持ちを調べてみましょう。「今どんな気分？」の表が手元になければ，このアクティビティをしてどんな気持ちになったかを，たずねてみましょう。

● いろんな顔を描こう

いろいろな口や眉毛や目や鼻の顔を描きましょう。表情の違いや，顔が表すいろいろな感情や気持ちについて話しましょう。

笑顔としかめ面，まゆ毛を上げているのとひそめているのでは，表情やメッセージがどのように変わるか話し合いましょう。お手本に，一つの表情をして見せましょう。

子どもにも同じようにさせてみましょう。感情を表したり認識したりするのを学ぶとてもよい方法です。

● 人の頭の中を見てみよう

床に広げた大きな紙の上に友だちに寝てもらって，体の線をなぞりましょう。紙の頭の部分に，その人が考えるのが好きだと思うことを絵で描かせてみましょう。

何を描いていいかわからなければ，その人にインタビューさせたり，質問させたりしてみましょう。人の考えや要望について考える視点取得（P.9 参照）の練習になります。

ジョブトーク　　絵描きになろう！

● 絵で表現しよう

絵は，子どもが自分を表現したり，どんなことが起きたかを知らせたり，自分の考えを知らせたりする手助けとなります。

絵は会話やお話を作るきっかけとなったり，子どもが自分の考えを述べたり書いたりするための，よい機会となります。

ジョブトーク　　きみはライターだよ！

● **文通しよう**

家のあちこちに郵便箱に見立てた箱を置いて，子どもに手紙を書かせて，箱の中に入れるように言いましょう。一人でできないようなら，手紙の様式を作ってあげるとよいでしょう。手紙の代わりに絵手紙にしてもいいですね。

自分について相手に伝えたいことや親切な言葉，質問などを考えて手紙に書かせましょう。

子どもが手紙を箱に入れたら，知らせてもらって，親やきょうだいが手紙を読んで返事を書きましょう。

P.102 の「今どんな気分？」を使って，手紙をもらったらどんな気持ちになるか，子どもに聞いてみましょう。

● **工作の完成品の視覚化**

三色の画用紙を用意しましょう。黄色は「ゆっくり準備しよう」，緑色は「作ってみよう」，赤は「でき上がり」です。

工作を始める前に，どんな物を作るのか，でき上がりの写真か絵を切り抜いて，でき上がりは，「こんなふうになるよ」と言って赤い画用紙の上に置きます。

この絵を見ながら，どうすれば作れるかを考えさせましょう。

作り方の順序を文字や絵で緑の画用紙に書かせましょう。

また赤い画用紙の完成品の絵を見ながら，どんな材料が必要かを決めさせます。

材料のリストを黄色い画用紙に書きましょう。

材料を子どもにただ与えるのではなく，何が必要か，どこに行けば手に入るのかを考えさせて，実際に集めさせましょう。頭の中で自分の行動を想像することを教えるアクティビティです。(Sarah Ward and Kristen Jacobsen)

かくれたルール

1　その人に聞かないで，その人の絵や工作に，色を塗ったり，絵を描いたりしてはいけないよ。

2　クレヨンやマーカーは使い終わったらもとの箱にきちんとしまおう。そうすれば，次に使う人がすぐに見つけられるし，ばらばらになったり，乾燥したりしないよ。

14 台所でのアクティビティ

ジョブトーク　　ウエイター（ウエイトレス）になってね

●笑顔でウエイター（ウエイトレス）

家族でテレビを見ているときや団らんしているとき，子どもに，部屋にいる家族に何か食べたい物はないかと聞かせてみましょう。

ウエイターのように家族の注文を覚えて持って来れるでしょうか？　覚える力と人のことを考えるスキルが備わるアクティビティです。

●スナックを配ろう

家族のみんなのためにおやつを作らせてみましょう。どんな物がよいか，まずいろいろ考えてみましょう。

テレビ映画を見ているならポップコーン，暑い日ならアイス，風邪を引いている家族には暖かいスープなど。

子どもからスナックをもらった家族は，表情と言葉の両方で感謝の気持ちを表します。人のことを考えて視点取得（P.9 参照）するための，前向きな強化練習になります。

このアクティビティの途中や終わってから，P.102 の「今どんな気分？」の表を使って，子どもの気持ちを調べてみましょう。「今どんな気分？」の表が手元になければ，このアクティビティをしてどんな気持ちになったかを，たずねてみましょう。

●目で考えよう

状況を理解するのに目は強力な道具です。相手の視線を追えば，表情やジェスチャーのヒントが理解できて，その人が何を見ているかで，その人の考えていることがわかります。

下記の目で考えるという方法は，私たちはただ見るだけではなく，見ている物について考えているのだということを示す物です。

いろいろな場面で，言葉を使わないゲームを作って，このスキルを練習してみましょう。簡単な物から始めましょう。子どもにあなたの視線を追わせてみましょう。それからもっと複雑にしていきましょう。たとえば，夕飯時には，こんなゲームはどうでしょう？

1　夕食の支度をしながら，「何を見ているでしょう？」ゲームをしましょう。子どもに，あなたの視線を追わせて，何を見ているのかあてさせましょう。冷蔵庫とか手に持ったフライパンのようにわかりやすい物から始めて，徐々に難しい物（たとえば卵とか，カウンターの上のフライ返しとか）にしていきましょう。

2　次にレベルアップして，「何を考えているでしょう？」ゲームをしましょう。同じようにまずあなたが何かを見て，子どもに視線を追わせます。そして，今度は何を考えているのかをあてさせます。たとえば，アイスティーの入った水差しを見ていれば「喉が渇いた」と考えているかもしれません。時計を見ていれば「夕食は何時にしようか」と考えているかもしれませんね。(Michelle Garcia Winner)

● 親切の連鎖反応

　人に親切にすれば，それはドミノ倒しのように連鎖反応を起こします。食事のあと，子どもに家族の食器を下げる手伝いをしてもらったり，家族に何かほしい物はないかと聞かせてみましょう。これが親切の連鎖になります。

　家族の表情や言っていることに注意しましょう。子どものした親切な行為が，連鎖反応を起こして，みんなも親切なこと（たとえばお皿を洗うとか）をするようになるかもしれません。

　親切の連鎖反応を起こすためにこんなゲームをしてみましょう。

　家族一人に一つずつ小さいビンを用意して，その人が何か親切なことをしたら，おはじきか小石を一つ入れます。いくつたまったか，どんな親切をしたのかなどを話したり，お互いの親切をほめ合ったりしましょう。

　このアクティビティの途中や終わってから，P.102の「今どんな気分？」の表を使って，子どもの気持ちを調べてみましょう。「今どんな気分？」の表が手元になければ，このアクティビティをしてどんな気持ちになったかを，たずねてみましょう。

● 1・2・3で，でき上がり！

　まず，何かでき上がった食べ物の写真か絵を用意しましょう。（例：ハムサンドイッチのでき上がりを見てみよう）

1　それを作るために何が必要か考えて，材料を全部用意しましょう。（「用意」）
2　ハムサンドイッチを「でき上がり」にするためには，その材料をどうすればよいでしょう？（「どうする？」）
3　作り終えたら，でき上がりの写真や絵と同じかどうか見てみましょう。思ったとおりの物ができましたか？　さあ食べましょう！（「でき上がり」）

　実行機能を培うのによいアクティビティです。P.105も参照してください。(Sarah Ward and Kristen Jacobsen)

かくれたルール

1　冷蔵庫を開けたら必ず閉めようね。開けっ放しにすると電気のむだだし，食べ物もくさってしまうよ。
2　ミルクやジュースなどの飲み物は，直接口をつけて飲まないで，コップについでから飲もう。
3　食べ終わったら，テーブルやカウンターに残ったパンくずや食べ物のかすを，きれいに拭きとろう。
4　「チンする」というのは，電子レンジで料理するという意味だよ。

15 食卓でのアクティビティ

ジョブトーク　　私が話す係で，あなたが聞く係だよ

● 食卓で報告しよう

家族が食卓についたら，おもちゃのマイクや，スプーンや，へらをまわして，一人ひとりが「マイク」でその日の報告をしましょう。

まずお手本を示しましょう。一つか二つのよいできごとを話したら，難しかったことやがっかりしたことについても話しましょう。

たとえば「今日，会社で大きな仕事をやり終えたからうれしかったけど，思ったよりも時間がかかってしまって家に帰るのがおそくなってしまったよ」のように。

P.102 の「今どんな気分？」表を使って，その日の気分を子どもに示させてみましょう。

● 食卓の会話ゲーム

質問を書いた会話カードを作って，テーブルの中央におきましょう。夕食の間，家族が順番にそのカードを取って，そこに書いてある質問をだれかにします。

「今日一番楽しかったのはどんなこと？」「午後の授業では何をしたの？」というように，決まった答のない質問がいいですね。会話の練習を家ですれば，学校などで日常会話をするのに役立ちます。P.103 の会話の例を参考にしてください。

● 食卓のマナー

家での食事のときや，外食のとき，どんな行動をすればよいかマナーを決めておきましょう。（例：口を閉じて噛む，みんなが食べ終わるまで席を立ってはいけない，など）口を閉じて噛むというように，どの家庭にも当てはまるルールもありますし，外食のときだけのルールで，家庭ではもう少し自由だ，という物もあるでしょう。

いずれにしても，人と食事をするときの「期待される行動」と「期待されない行動」を子どもは知っておくべきです。人のしていることを観察して，そこから学ばせましょう。

ほかの人のテーブルマナーが，家族のルールにあっている物かどうかを，観察するゲームをしてみましょう。

●「視線で話そう」ゲーム

相手が何を考えているか，その人の見ている物を観察すればわかることがよくあります。（P.38 の「目で考えよう」参照）言葉を使わないゲームで，視線を読む練習をしましょう。

1　テーブルにつくとき，家族の一人を席決め係に指名して，だれがどこに座るのか，視線だけで示させましょう。

2　テーブルの上の何かを取って欲しいときは，言葉ではなくてジェスチャーと視線だけで，何が欲しいのかを伝えさせましょう。

3　食べ物や飲み物に選択肢があるとき（例：水かミルクか）言葉を使わないで，それを目で見

るだけで示させましょう。言葉を使うのは反則ですよ！

● **お気に入り**

夕食のとき家族が順番に，自分のお気に入りの物をみんなに見せて説明しましょう。絵でもいいし，特別なコインや，今読んでいる本でもいいのです。順番に何かをすることや，会話のスキルの練習になります。

● **夕食の予定を絵にしよう**

あとどのくらいで夕食の時間なのかがわかる予定表を，絵で作りましょう。何時に夕食なのかが家族によくわかり，子どもはどんな行動が期待されているかがわかります。P.104 の「夕食の予定表」を参考にしてください。

● **食卓の質問カード**

夕食のとき家族にどんな質問をしたらよいか，目で見てわかる視覚的サインや合図をカードに書いておきましょう。たとえば，いつ，だれが，どこで，何を，といった質問は，相手のことをたずねるのに便利です。

子どもが視覚的サインを見て質問ができるようになったら，いったんカードをしまいましょう。どう話し始めたらよいかわからなくなったら，再びカードを使うようにしましょう。質問リストの例は P.104 の「なんだろう質問」を参照してください。

> **かくれたルール** ●
> 1　ほかの人の食べている物を「ゲーッ」と言ってはいけないよ。きみがおいしくないと思う物でも，ほかの人はおいしいと思うかもしれないからね。人の食べている物を悪く言ってはいけないよ。
> 2　人のお皿から食べ物を食べたり取ったりする前に，いいかどうか聞こう。
> 3　食卓の向こう側にある物を手を伸ばしてとるのは，悪いマナーなんだ。「〜を取ってくれる？」と頼もう。
> 4　食べ物が口に入っているときは口を閉じていること。話すのは，食べ物を飲みこんでからだよ。
> 5　食事の前に手を洗おう。

16 夜寝る前のアクティビティ

● どんな一日だった？

その日のできごとを話し合えるように，寝る準備を早く始めましょう。寝る前になると，実に多くのことを話してくれる子どもがたくさんいて，親を驚かせます。

少しでも長く起きていられるように，今日のできごとをたくさん話してくれるのですね！ 子どもに聞くだけでなく，あなたの一日についても子どもからたずねさせてみましょう。よいことだけでなくて，腹が立ったこと，それにどう対処したかということも，話すようにしましょう。

たとえば，「道が混んでいて，学校にお迎えに行くのが遅れてしまったわね。そのせいでストレスがたまってしまったけど，夜一緒に本が読めて楽しかったわ」

子どもが自分の気持ちを表すのに助けが必要なら，P.102の「今どんな気分？」の表を使いましょう。どんな気分のときに，どんな表情になるかも，わかるようになるでしょう。

● 今日のできごとをはかろう

その日のことを子どもが話しているとき，さまざまなできごとについてどんな気持ちになったかを，右のような5段階表を使って表現させてみましょう。

子どもの言葉を使って同じような表を作ってもよいでしょう。
(P.106の「夜寝る前の五段階表」を参照) (Kari Dunn Buron)

● いい夢を見よう

子どもが寝る前に，楽しいことや，だれの夢を見たいかを考えさせましょう。朝，家族に話せるように，できるだけ夢を覚えておくように言いましょう。寝ているときに楽しかったことを話す練習ができます。会話のよい題材になりますね。

⑤	すごくすばらしい気持ちになった
④	とても楽しい気持ちになった
③	いい感じ・大丈夫な気持ちになった
②	いらいらした
①	腹が立った

夜寝る前の五段階表

● 落ち着く深呼吸

寝る前の時間は，体や気持ちを落ち着かせるのに使う道具について，子どもと話す最適の時間です。平静時に深呼吸の練習をしておけば，気持ちが高ぶったときにも，うまくできるようになりますよ。深呼吸の仕方を教えましょう。

＊おなかの中の風船を膨らませていると想像しましょう。膨らませたら，ゆっくり空気を出します。
＊おなかの上に何か物を乗せて，呼吸に合わせて上がり下がりするのを眺めましょう。
＊息を吸うときは「お花のにおいをかいで」，息を吐くときは「ろうそくを吹き消して」と，深呼吸を言葉で言い表しましょう。(Leah Kuypers)

● **感謝の気持ち**

寝る前に，友だちか家族，または今日会った人で，感謝したい人のことを思い出させましょう。なぜその人に感謝したいのか聞きましょう。

「今日いとこの○○ちゃんと遊んでいて楽しそうだったわね。おもちゃをかしてくれたから，うれしかったでしょう？　ありがとうって言いたくなった？」のように，お手本を示したり，間接的に言葉で促してみましょう。

人と関係を持つことや周りの人と付き合うことは，自分の毎日にとってプラスになること，そして，そのことに感謝の気持ちを持つことが理解できるよう手助けしましょう。

P.108の「感謝のリストとクーポン券」に書き込んで，このアクティビティの視覚的なヒントとして使ってもよいでしょう。

● **今日の親切**

今日だれかが，だれかを助けたり，親切なことを言っているのを見たかどうか，聞いてみましょう。親切な行為をするのはどういうことかを認識させ，どんなことをしたら親切なのかを理解させます。

かくれたルール

1　人の歯ブラシを使ったり，触ったりしてはいけないよ。**（期待されない行動）** ばい菌がうつるかもしれないんだ。
2　トイレに行ったあとは，いつも手を洗おう。
3　トイレですることは，個人的なことだよ。人に話したり，聞いたりしないようにしよう。
4　寝る時間になったら，気持ちを落ち着かせて静かにしよう。

17 トイレとお風呂のアクティビティ

> **ジョブトーク**　お風呂に入る人になる？　ごしごし洗う人になる？
>
> ● **きれいに洗おう**
> 　清潔にすることが大切だということを子どもに理解できるよう手助けしましょう。清潔にする目的は，きれいにしてばい菌を防ぐだけではありません。自分のことをちゃんと大事にしているという印象を与えたり，人に伝えたりすることでもあるのです。
> 　顔や体や髪を洗うこと，歯を磨くことを教えましょう。小さいときから教えておけば，毎日の習慣になって簡単にできるようになるでしょう。

> **ジョブトーク**　じょうずな歯磨き屋さんや，顔洗い屋さんになってね！
>
> ● **順番どおりにやろう**
> 　お風呂や歯磨きや手洗いを順序どおりにできないようなら，目でわかるチェックリストや表を作って，清潔に保てるように手助けしましょう。
> 　P.109 の歯磨きのステップを参照してください。自分で時間どおりにできるようになるでしょう。

● **鏡の前で遊ぼう**

　さまざまな感情の名前や，感情を表す絵などを描いた紙をビンに入れて，洗面台の鏡の前に置いておきましょう。身づくろいをしているときに，ビンから一枚紙をひいて，その感情にあった表情やジェスチャーを鏡に向かってしてみましょう。

　反対に，表情やジェスチャーから，それがどんな感情なのかをあてるゲームにしてもいいでしょう。このアクティビティは，いろいろな感情の表現力を高めるだけでなく，人の感情やジェスチャーを読み取る能力も高めてくれます。(Leah Kuypers)

● **お風呂で遊ぼう**

　子どもがお風呂好きなら，お風呂の時間を，**想像を共有**（P.100 参照）することを教える機会にしましょう。お風呂には，見立て遊びができる物がとてもたくさんあります。石鹸の泡を雪山にしたり，タオルをボートにして水に沈めたり。お風呂のおもちゃで遊んだり，歌を歌ったり，タオルで「いないいないばあ」をしたり。お風呂に入っている間に楽しみましょう。

かくれたルール

1　トイレを使うときはドアを閉めようね。
2　トイレのドアをあける前に，必ずノックして中にだれかいないか確かめよう。
3　トイレを使ったら，トイレの水を流して，手を洗おう。トイレでしたことは人に話さないようにね。
4　トイレを出る前に，ズボンを上げてジッパーをしめたり，服装を整えよう。

18 電話のエチケットのアクティビティ

ジョブトーク　電話を受ける人になってみよう！

● **電話を受けよう**

　電話で話す練習を子どもとしてみましょう。電話を受けたら，相手が誰なのか，用事は何か，といった重要な情報を聞き取れるよう練習しましょう。

　言っていることがわからないときに聞き返す練習も（例「よく聞こえなかったので，もう一度言っていただけますか？」）しましょう。

　はじめは，ロールプレイで電話ごっこをして，それから，よく知っている人と実際に電話で話させてみるといいですね。電話のスキルは全ての子どもが学ぶべき生活スキルです。

● **電話の割り込み虫にならない**

　家族が電話に出ているとき，子どもにはどんな行動が期待されているのか教えましょう。

　緊急なとき以外は話しかけたり，助けを求めたりしてはいけません。これは，人の会話に割り込まないのと同じことですね。「電話中に話しかけられると，あなたの言葉と私の『言葉がぶつかってしまうよ』」とか，「割り込み虫にならないように！」と言って，じゃますることがどんなことなのか，視覚的に理解できるようにしてもいいですね。

● **家族の電話ルール**

　電話の使い方について家族と話し合いましょう。「食卓に携帯電話を持ってきてもいいですか？」「家族みんなで何かをしているときに，メールを送ってもいいでしょうか？」などと。

　家族のルールを作ってみんなで守ることで，電話が子どもの周囲（社会空間）にいる人たちにどんな影響を与え，周囲の人をどんな気持ちにするか，ということをを子どもに考えさせることができます。

　たとえば，携帯電話ばかりいじっていると，周囲の人のことが考えられなくなって，周囲の人を大切に思っていないと思われてしまうかもしれない，と説明しましょう。(Kari Dunn Buron)

● **合図を決めよう**

　家族が電話をかけているとき，あとどのくらいで電話が終わるのかを子どもに知らせるための，手の合図をいくつか決めておきましょう。絵を使った表にしておいてもいいですね。たとえば，手を広げれば「あとで説明するよ」，人さし指を立てたら，「すぐ終わるから，そうしたら話そうね」，指を丸めれば，「電話が終わったから，もう話せるよ」という具合に。(Emily Rubin)

かくれたルール

1　電話を取るときは「もしもし」，電話を切るときは「さようなら」と言おう。
2　友だちに電話をかけるときは，時間に注意しよう。朝早くとか，夕食の時間とか，夜遅くにかけてはだめだよ。
3　いたずら電話はぜったいにかけてはだめだよ。法律違反だし深刻な問題になるよ。
4　電話で長話をしないようにしよう。相手が「もう切らなくちゃ」と言ったら，「じゃあまたね」と言って，また別のときにかけよう。

19 本を読んでもらうときのアクティビティ

● **主人公の気持ちになろう**

物語のキャラクターの考え方を理解するのは多くの子どもにとって困難なことです。しかし，これは読解力をつけるためにとても大切なスキルなのです。

主な登場人物が一人だけのシンプルなお話から始めましょう。本を読み終わったら，主人公についてわかったことを，子どもと話しましょう。主人公の好きな物，きらいな物，主人公の気持ち，そして，ほかの登場人物は主人公のことをどう思っているか，想像してみましょう。

これは思ったよりも難しいことかもしれません。ゆっくり時間をかけましょう。たとえば，『ハリー・ポッター』を読んでいるのなら，子どもに，ハリーが好きな物（クィディッチや，ふくろう）を考えさせてみましょう。

> **ジョブトーク**　　お話の預言者になろう！
>
> ● **字のない絵本**
>
> 文字のない絵本を子どもに見せて，絵から何が起きているのかを考えさせましょう。どんなヒントがあるでしょう。子どもに物語を話させてみましょう。
>
> ときどき，絵本の登場人物を一人選んで，その人物に今すぐどんなことが起こるだろうか，10分後には何が起こるか，1時間後や明日には，何が起きるかなど，考えさせてみましょう。表現力と思考力を高めるのによい方法です。物語を自分の言葉で語らせるのは，会話スキルも高めることになります。(Sarah Ward)

> **ジョブトーク**　　探偵になろう！
>
> ● **本の内容を推理しよう**
>
> 知らない本を取り出して，子どもに表紙だけを見せて本の内容を想像させてみましょう。本を読みながら，次にどんなことが起きるかを想像させるのもいいですね。次に何が起きるか，ヒントを見つけたり，推理をしたりすることは，学校や社会のさまざまな状況で役立ちます。

● **絵や写真を説明しよう**

雑誌から写真を切り抜いたり，家族で何かをしたときの写真を，いくつか箱に入れます。子どもと順番に箱の中の写真を引いて，何が起きたのかを話してみましょう。

たとえば，「二人の男の子が動物園で動物を見ているよ」とか，「これはハワイのビーチだよ。2年前に旅行で行ったよね。砂のお城を作ったよ」という具合に。

視覚的なヒントが，できごとを思い出させて，起きたことを話すきっかけになります。これは，私たちが人と体験を共有するときに自然と会話の中で使っているスキルです。

ジョブトーク　　お話を作る人になってみよう

● お話を続けてみよう

　前のアクティビティと同じ写真を使って，今度はお話を途中でやめてみます。そして，子どもにお話に何か付け加えさせたり，続きを考えさせたり，もっとちがうお話に変えさせたり（たとえば旅行をもう1日長く延ばしたり）します。
　「この写真はハワイに行ったときのだよ。覚えてる？　ハワイでほかにどんなことをしたか話してみて。もう1日長くハワイにいられたら，何をしていたと思う？」というように，必要に応じて言葉で促してみましょう。
　お話がじょうずにできるようになれば，会話や，体験したり観察したりしたことを報告するのに役立ちます。

● 主人公の問題を解決しよう

　社交面で問題のある子どもや，ほかの人とどこかちがっているので苦労している主人公の出てくるお話を読みましょう。
　物語の中の主人公の問題を話すのは，自分の問題について話すより，直接的でないのでずっと簡単です。
　主人公がどうやって問題を解決したらいいか，独創的で楽しいアイディアを一緒に出してみましょう。この練習をしていれば，そのうち自分の問題も簡単に解決できるようになるでしょう。
(Kari Dunn Buron)

ジョブトーク　　よい聞き手になろうね

● 体全体で聞こう

　お話を読み聞かせているときは，**体全体で聞く**ことを教えるよいチャンスです。目で本を見て，耳で言葉を聞いて，手足と体はじっとして，口はだまって静かにしていましょう。
　頭でお話について考え，心でお話を感じたり，読んでくれている人のことを感じ取らせます。体全体を使って聞けば，集中できてお話がもっと楽しめます。P.111の絵を使って，**体全体で聞く**ことをうながしましょう。

かくれたルール ●

1　だれかに本を読んでもらっている時は，注意をはらって，お話に集中することが，求められている（**期待されていること**）んだよ。
2　本のページをめくるときは，破らないように注意しよう。

第2章

外出時のアクティビティ

1 車の中のアクティビティ

● プライミング（予備知識の提供）で準備しよう

　目的地に向かう車の中で，どこへ行こうとしているのか，そこではどのように行動することが期待されているのかを，子どもと話し合っておきましょう。

　そこでは，静かに礼儀正しくしていなくてはなりませんか？　それとも遊んだり走り回ったりしてもいいのでしょうか？

　初めて行くところなら，そこにだれがいて，どんな場であるのかを説明しましょう。そこでは，一人の人にだけ注意を向ければよいのか（たとえば，お誕生日の子）も話し合っておきます。

　だれかの家を訪ねるのなら，その人が好む話題を前もって一緒に考えておきましょう。（「その人が好きなことを三つ考えてみようよ」）

　このようなプライミング（予備知識の提供）は，子どもの自信を高め，訪問先の人のことを考えたり，自分がどのように行動したらよいかを理解するのに役立ちます。さらに，不安感が減るので，パニックを起こすことが少なくなるでしょう。また，頭の中でイメージを描くことや将来の状況の認識力（先見性）を高める作用もあります。

● デブリーフィング（事実確認）をしよう

　帰りの車の中で，出先で起きたことをおさらいしながら，よく考えてみましょう。P.113の「ソーシャル分析」のワークシートを使ってもいいですね。うまく行ったことは何か，次はどうしたらいいか，といったことを話しましょう。学習のよいチャンスです。

　たとえば，「お誕生日会はうまくいったかな？　プレゼントをもらってサムはどう思っただろう？　きみがサムに聞かないで，ケーキに指をつっこんでしまったとき，サムはどう感じたかな？」。

　私たちはだれでも失敗から学び，それを後で活用することができます。このアクティビティの途中や終わってから，P.102の「今どんな気分？」の表を使って，子どもの気持ちを調べてみましょう。「今どんな気分？」の表が手元になければ，このアクティビティをしてどんな気持ちになったかを，たずねてみましょう。

> **ジョブトーク**　　　比較する人になってみよう
>
> ● 同じようでちがう場所
>
> 　以前行ったところに似ているけど新しい場所へ行くときは（例：新しい映画館），プライミングをして，どこが同じでどこがちがうのかを理解させておきましょう。（例：売店が小さい，座席がちがう）
>
> 　このようにすれば，そこがどんなところなのか，頭にイメージを作ることができて，いつもの映画館とちがっていても，柔軟に考えることができるようになるでしょう。その結果，不安が招く突然の衝動的行動を予防することができるかもしれません。

＊ジョブトーク：P.88参照。

● 「みっけ！」ゲーム

自動車の窓から何を見ているか，そしてそれについてどんなことを考えているかを，子どもとあて合うゲームをしましょう。**(賢い予測)**（例：「散歩している犬をみっけ！」「そのとおり。犬だ！犬を見て，私はどんなことを考えていると思う？」）

人が何を見ているかを判断できるようになることは，その人の考えを知るための第一歩です。視点取得（P.9参照）の意義の大半は，人が何を考えているかが理解できることです。

（吹き出し：散歩してる犬みっけ！）

ジョブトーク　　　きみが質問する人，私が答える人になるね

● **どっちがいい？　ゲーム**

買い物や学校や約束への行き帰りの車中の時間を使って，ゲームをしましょう。
「マッシュルームとほうれん草だったら，どっちが好き？」「キャンプかスキーに行くとしたら，どっちがいい？」「もし野球か映画に行くなら，どっちに行きたい？」

選んだ理由，選ばなかった理由も話させましょう。今度は，あなたにも同じような質問をしてもらいましょう。

好奇心を高めたり，人について知ったりするためのよい練習です。「どっちがいい？」の質問は，P.110を参照してください。

● 行き先をあてよう

歩行者を観察して，一緒に推理しましょう。例えば，「スーツを着ているかな？」「運動の格好をしているのかな？」「郵便屋さんかな？」のように。

こんなソーシャル・ヒントを読み取り，人々の職業や行き先を推理しましょう。このようなゲームは実生活の中で予測するスキルを覚えるのに役立ちます。

● 気持ちを共有しよう

道が渋滞していたり，約束の時間に遅れたりしているときは，ストレスを感じていることを子どもに伝え，どんな方法を使って気持ちを静めようとしているかを話して聞かせましょう。（例：クラシック音楽を聞いたり，自分に話しかけたりする。（セルフトーク）

子どもに，自分ならどんなふうに気持ちを落ち着かせるかたずねてみましょう。あなたによいアイディアをくれるかもしれませんよ。だれでも，ストレスの多い状況で気持ちを静める努力をしているということを示すのは，子どものソーシャル感情を育てるのに大切なことです。

ジョブトーク　　話し手になる？　それとも聞き手になる？

● **子どもの話を聞こう**

　ラジオを消して，子どもの方に関心を向けましょう。「今日一番よかったのは，どんなこと？」と，決まった答えのない質問をしてみましょう。子どもの社会生活について知ることができ，会話のスキルの練習にもなります。

　面と向かって目を合わせたり手ぶりや身ぶりをすることに，圧倒されてプレッシャーを感じたり，居心地の悪い思いをする子どもにとって，車の中での会話は役に立つ物です。

● **あてっこゲームをしよう**

　車の中で，ソーシャルあてっこゲームをしてみましょう。さまざまな年齢の人の写真を紙に貼ります。今車で通った場所に行きたいのは，紙の中のどの人でしょうか？

　たとえば，おもちゃ屋の前を通ったら，紙に貼った少年の絵を選ぶというように。なぜそこへ行きたいのかも説明してもらいましょう。

かくれたルール

1　車に乗っているときは，座席に座ってシートベルトをつけることがあたりまえ**（期待されていること）**なんだ。手足をきちんとそろえておこう。運転している人をじゃましないようにね。

2　車から降りるときは，歩道の側から降りるのが安全だよ。車の通る側から降りるときは，ドアを開けたり外へ出たりするのに注意しよう。

3　車から降りるときは，車のフロアに足を下ろしてから降りよう。座席を踏んではいけないよ。

4　座っているとき，足はフロアの上だよ。前の座席に足を乗せてはいけないよ。

5　道が混んでいるとストレスがたまるんだ。渋滞しているときは，運転している人が集中できるように，静かにしていよう。

6　車の中が散らかるのはだれでもきらいだよ。車から降りるときは，ゴミを持って出よう。ゴミを窓から捨ててはいけないよ。

7　車の窓から，人に向かって叫んだり，いじわるな顔をして見せたりするのは，よくないよ。**（期待されない行動）**

　　＊かくれたルール：P.13参照。期待される行動・期待されない行動：P.100参照。

2 マーケットでのアクティビティ

> **ジョブトーク**　リストを作る人になってね
>
> ● **お買い物リストを作ろう**
> 　家族のための食料品買い物リストを作るのを，子どもに手伝ってもらいましょう。
> 　あなたが，戸棚や冷蔵庫を調べるところを見せて，何を買わなくてはならないかを考えさせましょう。お菓子や清涼飲料水をリストに入れないためには，前もって作っておいた基本リストを使って，必要な物にしるしをつけさせる方法がよいですね。
> 　計画性と整理のスキルが備わります。P.112 のサンプルリストを参照してください。

> **ジョブトーク**　買い物係になってね
>
> ● **どの売り場にあるかな？**
> 　買い物の一部を子どもに任せてみましょう。その食品がお店のどの棚にあるか，棚やコーナーに置いてある物の種類から，判断できますか？　必要なら間接的なヒントを出しましょう。「サラダの材料はみんなここにあるわね。すると，レタスはどこだろう？」

> **ジョブトーク**　きみは親切な子だね。あいさつがじょうずな人だね。
>
> ● **人に親切にしよう**
> 　人のためにドアを開けてあげたり，荷物を運ぶのを手伝おうかと聞いてあげたり，店員さんににっこりあいさつしたりといった，親切な行為のお手本を示しましょう。
> 　家に帰ったら，買い物を車から降ろすのを子どもに手伝ってもらって，とても助かったと言葉で子どもの努力をほめてあげてください。人助けをしたり親切にすることは，よいことなのだと，子どもに教えましょう。

● **野菜や果物はどこから来たの？**
　野菜売り場の果物や野菜のラベルを見て，どこでできた物か調べてみましょう。地方によって天気がちがうことや，その食料がどのようにしてお店に運ばれてきたのかを話し合ってみましょう。このアクティビティで，食料はいろいろな場所から，複雑な手順を経てお店へやって来るのだということに気づき，視点取得（P.9 参照）の練習になります。

> **かくれたルール** •
>
> 1　マーケットでは走らないで歩くことが，求められている（**期待される行動**）んだ。ショッピングカートが人のじゃまにならないように注意しよう。
> 2　周囲の人には礼儀正しく，感じよくするのが，いいこと（**期待されていること**）なんだよ。
> 3　お金を払う前に食べてはだめだよ。試食コーナーではないところで，勝手に味見したり食べたりすると，問題になるよ。
> 4　ほかの人が買っている食べ物の悪口を言ってはいけないよ。「それは健康に悪いよ」などとほかの人に言うのは，よくないこと（**期待されない行動**）なんだ。

3 ショッピングモールでのアクティビティ

> **ジョブトーク**　調査員になりたい？　それとも探偵になりたい？
>
> ● **ショッピング探偵になろう**
>
> 　ショッピングモールに行って，探偵ごっこをしようと，子どもに言いましょう。なぜモールに行くのか，そしてそこで，何を買うのかをあてるのが探偵の仕事です。
>
> 　たとえば子どもに「サイズは何？」「だれの物？」といった質問をして，買い物に行く理由をあてさせましょう。（P.104のような「なんだろう質問」を参照してください）
>
> 　状況を観察して，わかったことや観察したことについての**賢い予測**をすることは，社会生活能力の重要な一部です。このゲームは子どもを引きつけて，集中させながら，問題解決や，予定に従うことを教えます。これは買い物する人だれにでも役立つスキルですね。

● **店員さんに聞いてみよう**

　お店で見つからない物があるふりをして，子どもにお店の人に聞いてきてもらいましょう。店員さんにはきちんと話しかけ（例：「すみません。聞きたいことがあるのですが」）教えてもらった情報を忘れないであなたに伝えるように，注意しておきましょう。

　助けを求めたり，自分のために主張したりすることは，全ての子どもにとって重要なライフスキルですが，社交面が困難な子どもには特に大切です。

> **ジョブトーク**　観察屋さんになる？
>
> ● **同じ物が見える？**
>
> 　モールでゆっくり座れるところを見つけて，歩いている人や近くに座っている人を，子どもと一緒に観察しましょう。
>
> 　「ペットショップへ入りそうな人はいない？」「その人は家に犬かネコを飼ってると思う？」と質問します。あなたの観察と子どもの観察は似ていますか？　比べてみましょう。
>
> 　このように，推測することはとても大切なことです。人と関わるときは，その人を観察して考えていることや，どんなことを話したがっているかを推測しなくてはなりません。

● **気持ちに対処しよう**

　モールでどんなことが起きるか，そうするとどんな気持ちになるか，（例：興奮する，がっかりする，お腹がすくなど）子どもと一緒に予測しましょう。そして，そんなときはどうすればよいのかも考えましょう。

　たとえば，夕飯前にモールに行く場合，モールでクッキーの焼けるにおいを嗅ぐと，きっとクッキーが欲しくなるでしょう。でも，じきに夕飯なので，クッキーは買ってあげられないと，話しておきます。

　モールなどへ行く前に，子どもと一緒に「合図カード」をいくつか作っておいて，キーホルダーにぶら下げてあなたのバッグにつけておきましょう。

カードの表に,「がっかり」など気持ちを書いて,その裏にどういう行動が期待される行動なのかを書いておきます。(例:「今日は買えないけど,欲しい物を写真に撮ったり,メモ用紙に書いて,欲しい物リストに加えておこうね」) (Emily Rubin)

> **ジョブトーク**　　**ドアマンになろうよ**
>
> ● **ドアを開けてあげよう**
> 　すぐ後ろに人が続いているときは,お店のドアを手で押さえて,その人を通してあげるように子どもに言いましょう。
> 　親切にドアを押さえてあげたことで,子どもが,その人がどんな気持ちになったか,その人の表情からわかるかどうか見てみましょう。

● **考えと気持ちのカード**
　簡単な考えと気持ちを,インデックスカードにペンで書いた物を用意しましょう。一枚に一言ずつ書きます。
　考えのカードには,たとえば「すてき!」「ばかみたい!」「大好き!」「大嫌い!」「よかった!」と書きます。
　気持ちのカードには,「うれしい」「悲しい」「こわい」「腹が立つ」「だいじょうぶ」「いらいら」などと書くとよいでしょう。
　子どものレベルに合った物にしましょう。いろいろな場所で,あなたと子どもの考えや気持ちを調べるのに使います。
　二人の気持ちは,同じですか? ちがいますか? たとえば,モールで一緒に座って人を眺めているとき,おもしろい服装をしている人やふざけている男の子たちを見て,子どもが何を考えて,どんな気持ちになるかを,カードから選ばせてみましょう。あなたも選んで,二人のとらえ方が同じかちがうか話してみましょう。(Michelle Garcia Winner)

> **かくれたルール** ●
>
> 1　買うつもりのない商品を触るのはよくないこと**(期待されない行動)**なんだ。
> 2　たいていのお店には,食べ物や飲み物を持って入れないんだ。
> 3　おつりがいくらになるか,前もって計算しておけば,レジで自分の番になったときにあまり時間がかからないね。
> 4　お店で靴を履いてみるときは,靴下を履いてからにしよう。使い捨ての靴下を用意している靴屋さんもあるよ。お店で洋服を試着するときは下着の上からしよう。(特に水着は下着の上から着よう)

4 公園でのアクティビティ

ジョブトーク　　招待屋さんになろうよ

● おもちゃを一緒に使おう

公園におもちゃを持って行って，子どもが新しい友だちと一緒に使えるように手助けしましょう。また，子どもが自発的に友だちを誘えるように助けましょう。

それから，ほかの子どもにもおもちゃを使わせてあげたり，先にゲームをさせてあげたりというように，柔軟に考えられるよう練習させましょう。

● 友だちを選ぼう

子どもと一緒に，公園で遊んでいるほかの子どもたちを観察しましょう。自分と同じような興味を持っていそうな子を見つけるのを手伝いましょう。（例：活発な子，トラックで遊んでいる子，砂場に穴を掘っている子）

このアクティビティは，子どもの観察スキルを高めます。また誘って断わられることが少なくなるでしょう。

● 公園を体験しよう

子どもが公園で，まだ大勢の子どもたちや，友だちと一緒に遊ぶ心がまえができていなくても，公園に行くことを奨励しましょう。大人やきょうだいと遊んだりしながら，ほかの子どもたちが遊んでいるところの近くにいればいいのです。

子どもたちを観察させて，何をしているのか気がつくよう手助けしましょう。公園などの外の環境によくある，音や物や匂いなどに慣れることもできます。

● 一緒に想像してみよう

空に雲が浮かんでいたら，子どもと一緒に地面に寝ころんでみましょう。空を見上げて，雲を動物やほかの物にたとえさせてみましょう。**想像を共有**（p.100 参照）して，互いに何に見えるか比べてみましょう。

想像力を使って，「突飛な」想像をしてもいいのです。あなたの子どもは将来，大発明家になるかもしれませんよ。

ジョブトーク　　オニになる？　追いかける役になる？　投げる人？　走る人？

● **一対一やグループで遊ぼう**

　鬼ごっこや追いかけっこ，ボール投げは楽しい遊びで，子どもの相互扶助や相互作用を高めます。

　暑い日には，水風船や水鉄砲を使って鬼ごっこをしましょう。水風船を使ってドッジボールをしたり，キャッチボールをしましょう。

　スプーンに氷を乗せて庭でレースをするのもいいですね。こうした遊びは，一対一でも，グループでもできます。

　グループの遊びには，少しずつ慣れさせていきましょう。社会的な知恵や**融通性**がたくさん必要です。

　大きな音や，水や氷が肌に触れる感触に過敏な子どももいるかもしれません。

　ほかの子どもたちと遊ばせるときは，こうした感覚の問題に気をつけることが重要です。

● **雪や砂の上の足跡**

　雪や砂の上にほかの人の足跡がついてないか捜してみましょう。子どもと一緒に足跡をたどって行ってみましょう。

　どこまで続いているのか，その人はどこへ行こうとしているのか，何をしているのかなど，想像させましょう。

　これぞまさに，その人の立場に立ってみるアクティビティです。

かくれたルール ●

1　公園で遊んでいるとき，相手に聞かないで人のおもちゃを取るのは，してはいけないこと**（期待されない行動）**だよ。

2　砂や石などを，人に投げてはいけないよ。ボールで遊んでいるときは，ボールだけを投げよう。

3　公園で自分の物ではないおもちゃを見つけたら，そこに置いておくのが一番いいんだ。あとから探しにくるかもしれないからね。

第 2 章　外出時のアクティビティ

5 レストランでのアクティビティ

● 順番を考えよう

レストランへ行く途中，食事をする順番を子どもに考えさせてみましょう。

① どのレストランへ行くか決める
② レストランへ行く
③ 店員さんにあいさつする
④ テーブルが空くのを待つ
⑤ テーブルにつく
⑥ 食べ物を注文する
⑦ 食べ物が出てくるのを待つ
⑧ 食べる
⑨ お金を払う
⑩ レストランを出て家へ帰る

子どもに好き嫌いが多いようなら，前もって何を頼むかを決めさせておきましょう。そしてもし食べたい物がメニューにないときは，柔軟に考えなくてはならないかもしれないと話しておきます。たとえばマカロニがなくて，スパゲッティを頼まなくてはならないかもしれません。

● 注文はなんだろう？

メニューを見ながら，一緒に行った人たちや家族が何を注文するか，知っていることをもとに推測（**賢い予測**）をしてみましょう。その人たちが何が好きなのかを考えて推測しましょう。

「前に来たとき，お父さんは二回ともサラダだったわね。おいしいって言ってたから，また頼むんじゃないかしら」のように，お手本を示してみましょう。　　　　　　　＊賢い予測：P.101 参照。

> **ジョブトーク**　　探偵になろう
>
> ● **お客さんを観察しよう**
> ほかのテーブルのお客さんを観察して，その人たちの関係を考えてみましょう。（例：親子，夫婦，おばあさんと孫）こうした社会的な手がかりを読むことは，探偵スキルを高めてくれます。

> **ジョブトーク**　　シェフになってみようよ
>
> ● **一日シェフになろう**
> シェフになったところを想像してみましょう。キッチンの作業がうまく進むようにどんなことをするのか，みんなに喜んでもらえるような料理を作るのにはどうすればいいのか，など一緒に考えましょう。人の立場に立って考える視点取得のよい練習です。

かくれたルール ●

1 料理が作られて運ばれてくるまで，しんぼう強く待とう。**（期待される行動）** まだなのかと，ウエイターに料理を催促してはいけないよ。
2 食べ終わっても，みんなが食べ終わるまで席を立ってはいけないよ。
3 みんなの会話に参加しよう。
4 人と食事をしているときは携帯電話をいじらないで，テーブルの人たちに注意を向けよう。**（期待される行動）**

6 病院でのアクティビティ

● **気持ちを認めよう**

　子どもが病院に行くのをこわがっているようなら，そういう気持ちはよくあることだと認めてあげましょう。そして，普段子どもの気持ちを落ち着かせる効果のある方法（例：お気に入りのおもちゃや本を持って行く，深呼吸をする）を使いましょう。

　あなたが病院に行くときは，どんなふうにして気持ちを落ち着かせるかも，話してあげましょう。

● **病院に行く練習をしよう**

　病院に行くのはどんな感じなのか，待合室で静かに座ったり，診察を受けたりといったロールプレイをしてみましょう。大人も病院に行くことがあるとわからせるために，あなたも患者の役を演じて，子どもにお医者さんになって診察してもらいましょう。

　病院に行く短いお話を書いたり，図書館で本を探したりしましょう。子どもが読んで，病院ではどんなことが起こるのかがわかり，心がまえができるような本がいいですね。

　待合室や診察室の写真を見せて，どんなところなのか視覚的にわかるようにすれば，知らない場所に対する不安感が減少します。

● **待合室のゲーム**

　待合室で待っている間，雑誌の広告を一緒に見ながら，どんな商品の宣伝なのかをあてるゲームをしましょう。文字を読まないで，絵だけであててみましょう。

● **身長と体重をあててみよう**

　この前，病院に来たときの自分の身長と体重を考えて，今の身長と体重を推測させてみましょう。**(賢い予測)**

かくれたルール

1　診察室に入ったら，静かにしよう。カウンターや引き出しに入っている道具を触ってはいけないよ。

2　待合室で待っている人に，どこが悪いのかを聞いたり，どうして自分が病院に来たのかを話したりするのは，よくないんだ。**(期待されない行動)**

7 映画館でのアクティビティ

● どんな映画？

映画が始まる前に，その映画について知っていること，どんな映画だと思うかなどについて話し合いましょう。視点取得（P.9 参照）と，先のことを考える力（先見性）を育てます。

> **ジョブトーク**　　よい観客になろうね
>
> ● **映画館では静かに**
> P.111 の**体全体で聞く**ステップをおさらいして，映画館では体全体を使って聞くことが大事だと話しましょう。（例：たとえ知らない人でも，きみと一緒に映画館にいる人たちは，みんな映画を見たり聞いたりしようとしているんだよ）

> **ジョブトーク**　　映画評論家になろうよ
>
> ● **映画が終わったら**
> 映画のあとで，好きだったところや，きらいだったところについて話し合いましょう。
> 映画の中のできごとを思い出して，筋をばらさない範囲でおもしろかったところをいくつか，家族や友だちに話してみましょう。
> 事前にあなたと練習すれば，自信がつくでしょう。

● 出演者の気持ちになってみよう

映画の中のキャラクターを子どもに一人選ばせて，そのキャラクターについて知っていることを話させてみましょう。その役になったつもりで，そういう人生を送るのはどんな気持ちか，考えさせてみましょう。視点取得（P.9 参照）や共感を育てるのに適したアクティビティです。

かくれたルール

1　映画館では静かにして，手足をきちんとそろえてじっとしていなくてはいけないよ。**（期待される行動）**
2　頼まれもしないのに，その映画をまだ見ていない人に，映画の結末を話すのは，よくないよ。**（期待されない行動）**
3　映画館で食べたり飲んだりするときは，ほかの人のじゃまにならないように，静かにしよう。
4　たいていの映画館では，外からの食べ物を持ち込むことが許されていないんだ。

8 スポーツをするとき，見るときのアクティビティ

● **スポーツチームに入ろう**

　スポーツには，教えるチャンスがいっぱいです。子どもがスポーツチームに入りたいと思い，そのスポーツをする能力があるなら，参加させてみましょう。

　前もって，ルールと，どんな行動が期待されているかを話しましょう。チームが勝ったときに言うこと，負けたときに言うことを練習しておきましょう。

　いじわるなことを言ったら相手はどんな気持ちになるでしょう？　勝ち負けにこだわらず，スポーツマンシップを発揮できるようになるには，たくさんの練習が必要ですが，チームワークや**融通性のある考え方**を育てるのは，大切なことです。よい運動にもなりますよ！

> **ジョブトーク**　　観客になる？　それともチアリーダー？
>
> ● **スポーツを観戦しよう**
> 　子どもとスポーツ観戦をするのは楽しいことですが，観衆の応援や，応援するチームに勝たせたいという気持ちが入り混じり，刺激的でもあります。こうしたスポーツ観戦を教えるチャンスにしましょう。
> 　例えば相手チームを応援している観客がいても，けなしたりせずに親切に話しかけましょう。テレビでスポーツを見ながら観戦の練習をして大人もよいお手本を示しましょう。
> 　まず小規模のスポーツイベントに，よく知っている人たちと一緒に出かけてみましょう。それから，知らない人がたくさんいる大観衆のイベントに行くようにするとよいですね。

● **感情を表す言葉**

　スポーツのイベントには，激しい感情がつきものです。選手やファンが感じるさまざまな感情を指摘して，子どもの感情を表す語彙と感情認識を育てましょう。

　失望，怒り，心配，期待，競争心，得意，いらいら，混乱，激しい怒り，夢中，くたくた，など，たくさんの感情があるでしょう。特定の感情が，その状況で期待されているか，されていないかについても話してみましょう。

　たとえば，応援しているチームが得点してファンが喜ぶのは，期待される感情ですが，相手チームのファンがいじわるなことを叫ぶのは，行き過ぎでふさわしくありません。(Leah Kuypers)

> **かくれたルール** ●
> 1　スポーツの試合をしているときは，たとえ負けていても最後までやることが必要**（期待されていること）**なんだ。
> 2　みんなゲームを見たがっているのだから，人のじゃまになってはいけないよ。
> 3　スポーツゲームの最中に選手がけがをして，自力で起き上がったり，助けてもらって退場しているときは，拍手をして応援の気持ち表そう。

9 近所でのアクティビティ

> **ジョブトーク**　探検家になろう！
>
> ● **近所を観察しよう**
>
> 　学校や公園に行く道や，近所で目にする物のリストを作らせてみましょう。探検したり，観察したり，情報を集めたりして，家族に発表しましょう。近所の家に新しい郵便ポストができたとか，どこかでお花が咲き始めているとか。だれかが庭に新しい庭木を植えているとか。
>
> 　観察して，考えたことを周囲の人と共有するのは，人との関わりにおいて大変大切なことです。

● **近所の人はどんな人？**

　子どもと一緒に散歩しながら，近所の様子を観察しましょう。

　ベランダにおもちゃがある家には，子どもがいるのかな？

　ネコがうろついているのは，近くに鳥がいるからかな？　犬小屋が庭にある家は，犬を飼っているんだろうか？

　こうした社会の中のかけらをいくつも組み合わせることで，パズル全体が子どもにも見えてきます。

> **ジョブトーク**　あいさつする人になろうね
>
> ● **親しみを込めてあいさつしよう**
>
> 　近所を歩いているときに，知っている人に会ったら，笑顔で親しみを込めてうなずいたり，「こんにちは」と言う練習をしてみましょう。
>
> 　「お元気ですか？」とか「わんちゃんはどうしてますか？」とたずねてみるのもいいですね。
>
> 　会話の終わりには「それでは，さようなら」と言うのがよいでしょう。
>
> 　子どもが躊躇するようなら，子どもが見ている前であなたがお手本を示してみましょう。

● **知らない人とは話さない**

　話をしてもいい人とそうでない人の区別を教えましょう。相手が知っている人なら，親しみを込めたあいさつは，よいことですが，知らない人に話しかけるのはよくありません。**（期待され**

ない行動） 近所の散歩は，親しみをこめた行動と，外にいるときの安全について教える良いチャンスです。

● 親切の輪を作ろう

　ご近所のために親切なことをしたり，ボランティアをしたりして，「親切の輪」を広げる運動を子どもと一緒に始めてみましょう。

　お隣さんの新聞を取り込んであげたり，食事を作ってあげたり，ゴミ出しをしてあげたり，犬を散歩させてあげたり。

　そして，「親切の輪を広げよう」と書いたカードを渡します。カードをもらった人は，次の人に親切の輪を広げていきます。

　このアクティビティは，とてもすてきなことですし，人が何を必要としているかを考えるよい方法です。

かくれたルール

1　道を渡るときは，車が来ていないか確かめるのが大事だよ。
2　だれかと一緒に歩くときは，その人の隣に立って，手は自然に下げておこう。
3　きみが歩道を歩いていて，ほかの人が来て通ろうとしたら，道を開けてあげよう。
4　すれちがうときに「こんにちは」と声をかけられたら，「こんにちは」と返事しよう。

10 状況に対応するための アクティビティ

● **場所によるかくれたルール**

　図書館やマーケットなどいろいろな場所へ子どもと一緒に行き，場所によって人との関わり合い方がどうちがうかを観察させ，できればノートに書かせてみましょう。

　場所によって行動の仕方のルールがちがうということがわかったら，それがどんなルールなのかも聞いてみましょう。

　たとえば，図書館では静かに話さなくてはならないということがわかったら，図書館に入る前に，「図書館のかくれたルールはなんだっけ？」と聞いてみましょう。

　行ったことのないところへ行くときは，知っていることをもとにルールを予測させたり（**賢い予測**），どんなことが期待される行動か仮説を立てさせてみましょう。

● **物事の順番**

　「こうすれば，こうなる」というように，ものごとは順番に起こるのだと教えましょう。子どもが，なかなかやり遂げられないことがある場合には，力づけたり，ごほうびを与えてあげましょう。（例：「まずおもちゃをかたづけようね。そうしたら散歩に行けるよ」）

　「もし……したら……」という言い方をしてもいいですね。（例：「もし宿題を終わらせたら，一緒にゲームができるよ」）

● **選択肢を与えよう**

　気持ちの切り替えが難しいのは，自分でコントロールできないと感じるからです。

　いやがる場合は，状況を自分でコントロールしている気分になれるように，選択肢をいくつか用意しましょう。

　たとえば，朝，何を着せるか親が決める代わりに「学校にセーターを着て行く？　それとも長袖のシャツの方がいい？」と聞きます。

　また，朝なかなか外へ出たがらないなら，「車のところまで歩いて行きたい？　それともスキップして行く？」とたずねてみましょう。

　公園から帰るときには，「もう一回ブランコに乗ろうか？　それともすべり台がいい？」と聞いてみましょう。

● 道具箱を作ろう

　古い大工道具の箱や，プラスチックの箱を「道具箱」にして，いろいろな「道具」でいっぱいにしましょう。

　この「道具」は，次の動作に移ったり，ほかの場所に移動したりするのが困難なときに，気持ちを制御するのに役立つ「道具」です。

　子どもが，気持ちを抑えるのに役立つと思う方法を，一緒に考えてみましょう。

　ぬいぐるみ，人や物の写真，にぎりしめるおもちゃ，深呼吸のしかたを書いた図（P.110の「六角形で深呼吸」参照）などいろいろありますね。

　この道具箱はいつもここに置いてあって，大きな感情がおそってきたり，気持ちの切り替えをしなくてはならないとき，一日中いつでも使えるのだということを，子どもに思い出させましょう。(Leah Kuypers)

気持ちの切り替えの道具箱

● 思い通りにいかないとき

　計画通りに行かないときは，**融通性**を持たせることを教えましょう。まずあなたが，いつもとちがう道を通ってみたり，いつもとちがう方法で何かをしたりして，お手本を見せましょう。

　B案（P.101参照）を使わなくてはならないことが時々あること，そんなときは，落ち着いて目的が果たせるように，計画や行動や考えを変えなくてはならないということを，このアクティビティは教えてくれます。

かくれたルール

1　自分の反応の大きさ（激しさ）に注意しよう。靴のひもが結べないぐらいで，大げさな反応（叫んだり，泣いたり）をみせると，周囲の人が居心地が悪くなって，きみのそばにいたくないと思ってしまうかもしれない。

2　図書館では静かな声で話そう。本を探すのに助けが必要なときは，カウンターに行って小さな声でたずねてみましょう。

3　計画したことでも，時々変わることがあるんだ。代わりの計画を使わなくてはならないときでも，柔軟な考えで前向きに行動しよう。

第3章

祝日や特別な日のアクティビティ

1 祝日のアクティビティ

● **助け合いの精神**

　敬老の日やみどりの日に，話し合ってみましょう。地域社会や国をよくするためには，みんなの努力が必要です。自分が大切だと思うのは，どんなことですか？　どうすれば，社会をよくしたり，地域社会の人たちを助けることができるでしょう？

　たとえば，子どもが環境の保護が大切だと思っているようなら，「みどりの日」に学校などで何か活動をするよう助言をしましょう。

● **憲法について考えてみよう**

　憲法記念日に，日本の憲法を子どもと一緒に読んでみましょう。国と同じように，家族にも規則が必要だと話しましょう。規則の大切さを話し合って，家族みんなが納得できて守ることのできる家族のルールを決めましょう。（例：お互いのプライバシーを尊重する，自分の意見や考えを言う権利など）

　ほかにも，「散らかした人が片付ける」「家族には親切に話す」などもいいですね。家族によって，それぞれルールはちがいます。どんなルールを守らなくてはならないのかを知ることが大切です。

ジョブトーク　　　　投票者になってみる？　ボランティアになる？

● **良い国民のお手本を示そう**

　選挙の投票日に，一緒に考えてみましょう。投票したり，法律を守ったり，裁判員になったり，ボランティアをしたり，自分の信じる社会にするために努力したり，周りの人に親切にしたり……親がこのように，良い国民であるお手本を見せましょう。社会をよくするためには国民の参加が大切だと，子どもに教えるよい機会です。

＊ジョブトーク：P.88 参照。

● **お札で歴史を知ろう**

　建国記念の日に，子どもと一緒にお札の肖像画を見てみましょう。1000円札の野口英世，5000円札の樋口一葉，1万円札の福沢諭吉などについて，どんなことを成し遂げた人だったのかを，調べてみましょう。

　その時代に自分が生きていて，自分がその偉人だったら，どんな感じだったのか，考えてみましょう。

かくれたルール

1　政治や社会のできごとについて自分の意見を言うときは，場所と相手をわきまえよう。**（期待される行動）**よく知っている人と話すのが一番いいんだ。

2　人の政治についての意見や，社会のできごとについての考えを，まちがっていると言うのは無礼なことだよ。

＊かくれたルール：P.13 参照。

＊期待される行動・期待されない行動：P.100 参照。

2 母の日や父の日のアクティビティ

● 何を贈ろうか？

母の日（父の日）に，お母さん（お父さん）はどんなプレゼントが欲しいと思っているか，子どもと一緒にいろいろアイディアを出してみましょう。

「お母さん（お父さん）は，何が好きだろう？」「どんなことで喜ぶと思う？」と質問します。

このアクティビティは，人が何が好きなのかを考えることや，人はみなそれぞれ好みがあること，ほかの人に思いやってもらうのはうれしいことだ，というようなことを学ぶ練習になります。

> お母さんは何が好きかな？

● カードを作ろう

お父さん（お母さん）がしてくれること全てに感謝する気持ちを，子どもがカードにするのを手伝いましょう。そしてどんなことをしてあげれば，お父さん（お母さん）が喜ぶかを，一緒に考えてみましょう。

たとえば，お茶を入れてあげたり，朝ごはんを作ってあげたり。

ジョブトーク お布団をたたむ係や，犬の散歩屋さんや，お皿洗い係になろうか？ お父さんやお母さんを助ける仕事だよ

● ヘルパーさんになろう

お母さんやお父さんは子どもが家のお手伝いや，弟や妹の世話や，自分のことをきちんとするのを，とても喜びます。

子どもと一緒に，どんなお手伝いができるかリストを作ってみましょう。それをクーポン券かカードにして，母の日や父の日のプレゼントにしましょう。ゴミ出しをしたり，犬の散歩をしたり，洗濯物をたたんだり，いろいろなお手伝いができますね。

P.108のクーポン券のサンプルを参考にしてください。

かくれたルール

1 手づくりのプレゼントは特別だよ。「相手のことを考えている」と伝えることなんだよ。
2 家族の形や大きさはいろいろだよ。家が二つある家族，お母さんやお父さんが二人いることもあるだろう。親が一人の家族もあるよ。母の日や父の日のことをだれかに話すときは，相手のことを思いやろう。お母さんやお父さんがいない子どももいるかもしれないからね。

3 花火大会のアクティビティ

● 人のじゃまにならないように

　花火大会のときは，大勢の人が一箇所に集まります。人ごみの中でのふるまい方を子どもと話しておきましょう。

　人に触ったり，寄りかかったり，周りの人を押しのけたりしないこと。触られると人は不快な気持ちになるのだと，教えましょう。

● 花火大会で起きること

　花火大会でどんなことが起きるのか，知っていることをもとに予測（**賢い予測**）を立てましょう。あなたの家族は，前の年やその前の年には，どこでどんなふうに花火を見ましたか？（ふりかえり）今年はどうしましょう？　花火大会にはどんな人が来るでしょう？　何が起きるでしょうか？

　以前のことを詳しく思い出しながら，子どもがすでに知っていることについて予測を立てるのは，過去の経験を活かして先のことを予測することで，「ふりかえり」と「先見性」を使う機会になります。ふりかえりと先見性は，実行機能（P.9 参照）の大切なスキルです。

　どんな花火が上がるだろう？　観客はたくさん来るかな？　今までと同じこと，ちがうことは，なんだろう？

● お盆をどう過ごそう

　お盆休みの過ごし方は，家族によってちがいますね。田舎のおじいさん，おばあさんを訪ねたり，家族旅行に行ったり，お墓参りに行ったり，家でのんびりと過ごす家族もあるでしょう。

　あなたの家族の去年までのお盆の過ごし方，今年の過ごし方について子どもと話しましょう。お盆の意味についてや，お墓参りに行く前に先祖の歴史についても話してみましょう。

かくれたルール

1　花火はうるさくてこわいかもしれないね。大きな音がいやなら，耳栓を持って行こう。
2　花火をこわがる犬やほかのペットもいるよ。きみのペットが花火をこわがるようなら，一人にしないように，ペットのことも考えてあげようね。
3　花火は危険な物だよ。見るのはいいけど，近寄ったり触ったりしてはいけないよ。

4 ハロウィンのアクティビティ

● **ハロウィン探偵になろう**

　ハロウィンの仮装をした人や写真を見て，その仮装の人はどんな気持ちなのか，どんなことを言うのか，子どもと一緒に考えてみましょう。（例：魔女はどんな気持ちだろう？　どんなことを言うかな？）　それぞれのキャラクターについて，子どもがすでに持っている知識を使って，その人の気持ちや気持ちの表し方について，**賢い予測**（P.101 参照）をしてみましょう。

● **仮装してみよう**

　どんな仮装をするかが決まったら，そのキャラクターについて子どもがすでに知っていることに基づいて，必要な服装や道具を子どもに考えさせてみましょう。

　仮装パレードやハロウィンの催しに行くのなら，どんな行動をとるか，そのキャラクターになったところを，ロールプレイしてみましょう。

ジョブトーク　　お菓子をもらう係になってね

● **お菓子をもらったら**

　仮装してお菓子をもらいに行くときは，お菓子をくれた人は親切にしてくれたのだから，きちんとお礼を言って礼儀正しくしようと話して，練習してみましょう。

　途中で一休みして，P.113 のワークシートを使って，うまく行っているかどうか考えてみましょう。子どもがよい態度をとれていれば「さっき，アメをくれた男の人にちゃんとお礼を言ってたね」とほめたり，もしコーチングが必要だと思ったら，「みんなと一緒にパレードできるように，がんばろう」などこの時間を使って励ましましょう。

　このアクティビティの途中や終わってから，P.102 の「今どんな気分？」の表を使って，子どもの気持ちを調べてみましょう。「今どんな気分？」の表が手元になければ，このアクティビティをしてどんな気持ちになったかを，たずねてみましょう。

ジョブトーク　　かぼちゃを彫る人になる？　お手伝いをする人になる？

● **かぼちゃランタンを作ろう**

　ハロウィンには，かぼちゃのランタンがつきもの。かぼちゃを彫って，いろいろな表情のランタンを作ってみましょう。

　どんな表情がいいでしょう？　ランタンの表情に合わせて，ランタンはどんな気持ちなのか，どんなことを言うと思うか，子どもに聞いてみましょう。

かくれたルール

1　人の仮装についていじわるなことを言うと，その人をいやな気持ちにさせるよ。（例：「それ去年，ぼく着たよ」「赤ちゃんみたいな仮装だな」）
2　お菓子をもらうときは，たくさんとらないで，一つずつもらおう。
3　ハロウィンにお菓子をもらいに家を回るとき（トリックオアトリート）は，夕方暗くなってから始めて，9時になったらもう終わりだよ。
4　電気のついていない家は，留守の家や，お菓子の用意をしていない家だから，ドアをノックしたり，ドアベルをならしてはいけないよ。

5 クリスマスのアクティビティ

● クリスマスプレゼント

家族へのクリスマスプレゼントを子どもと一緒に考えましょう。雑誌を見ながら，家族の一人ひとりが何を欲しがっているか，知っていることをもとに予測（**賢い予測**）してみましょう。

何が欲しいのかよくわからなければ，家族にインタビューして，何が好きなのかを聞いてみましょう。プレゼントを考えるのは，人のことを考えたり，その人の立場になってみたりするのに，とてもよい方法です。

● チャリティの季節

年末に，人のことを考えて，家族でチャリティに参加する習慣を始めてみましょう。チャリティ団体に寄付したり，困っている人に贈り物をしましょう。

視点取得（P.9参照）のスキルにも役立ちますよ。

ジョブトーク　　プレゼント予想屋さんになってね

● 箱の中身はなあに？

プレゼントをもらったら，あける前に中身について知っていることをもとに予測（**賢い予測**）をさせてみましょう。四角くて平べったいから本かな？

推理したり，予測したりするのにぴったりのアクティビティです。

● クリスマスのスキル

クリスマスや年末のさまざまなできごとについて，話したり，説明したり，ロールプレイをして準備しましょう。たとえば，クリスマスディナーがすむまでじっと座っていないといけないよ，とか，プレゼントは家族で順番にあけるんだね，というように。

子どもが「楽しみを減らす」のではなくて「楽しみを増やす」のが大切なのです。どういう行動が期待されているのかがわかっていれば，そういう行動をする助けになります。

かくれたルール ●●●●●●●●●●●●●●●●●●●●●●●●●●●●●

1　宗教によってクリスマスを祝う家族も，そうでない家族もあるんだ。ほかの人の宗教に理解を示そう。

2　プレゼントを渡す前に，中身が何かを教えてはいけないよ。相手がプレゼントを開けているときは，しんぼう強く待とう。中身を教えてしまっては楽しみが減ってしまうよ。（**期待されない行動**）

3　クリスマスや年末は，大人は用事がたくさんあってストレスがたまるんだ。大人の手伝いをしたり，じゃまにならないようにしよう。

6 お正月のアクティビティ

ジョブトーク　　きみがコックさんだよ

● おせちづくりを手伝おう

おせちづくりの一部を子どもにも手伝わせてみましょう。一緒に，レシピを見たり，材料を買ったり，手順を決めたりしましょう。一生懸命に努力したことをきちんと認めてあげてください。

たとえば，家族がそろったときに，「〇〇ちゃんがこの料理を作るのを手伝ってくれて，とても助かったのよ」と言いましょう。ポジティブな体験と賞賛は，自信を育てます。

このアクティビティの途中や終わってから，P.102の「今どんな気分？」の表を使って，子どもの気持ちを調べてみましょう。「今どんな気分？」の表が手元になければ，このアクティビティをしてどんな気持ちになったかを，たずねてみましょう。

● 今年の抱負はなんだろう？

今年やりたいことや目標を考えてリストに書かせましょう。なぜそうしたいのかも書きましょう。このリストを家族に発表しましょう。家族の抱負も推測してみましょう。

お正月の食事のときや，食事の前や後に，家族で発表し合ってもいいですね。

● お正月の歴史を調べよう

お正月の歴史を調べてみましょう。時代によってどんな祝い方やどんなおせちを食べていたのでしょうか？　ちがう時代に生きていたら，どんなお正月だったのか一緒に考えてみましょう。

かくれたルール ●

1　お正月の料理を食べる前に，特別のあいさつをしたり，家族のだれかが何かを話したりと，家族によって習慣がちがうんだ。ほかの家に行ったときは，その家族の習慣に従うことが求められている**（期待されている行動）**んだ。

2　親戚や友だちが集まって大勢で食事をするときは，食べ物を運んだり，後片付けを手伝ったりしよう。

3　料理をしてくれた人に，「ありがとう」と感謝するのは，よいことだよ。

7 お誕生日会のアクティビティ

ジョブトーク　思いやりのあるショッパーになろう

● お誕生日プレゼントを買いに行こう

お誕生日会に呼ばれたら、その子が好きな物や好きなことを、子どもと一緒にいろいろ考えてみましょう。

その子のことを考えながらお店に行って、気に入りそうな物を買いましょう。人のことを考えたり、視点取得するための最高のアクティビティです。

「何が好きなの？」
「えーっと…うさぎとピンクが好きで…」

● バースデーカードを作ろう

友だちのバースデーカードを、子どもと一緒に作ってみましょう。友だちの好きな色や、カードにどんなステッカーを貼ったら喜んでもらえるか、考えましょう。

カードに何か素敵なことや、お誕生日会に呼んでくれた御礼を書きましょう。

ジョブトーク　あなたがプレゼントを包む人だよ。ケーキのろうそくを吹き消す人だよ。ケーキを食べる人だよ。

● お誕生日会のロールプレイ

お誕生日会のいろいろな状況（例：みんなでゲームをする、プレゼントをあける、ケーキのろうそくを吹き消す、ケーキを食べるなど）に合わせた準備ができるように、いろいろな場面のロールプレイをしてみましょう。

お誕生日会がうまく行くように、事前にプライミング（予備知識の提供）をしておきましょう。

● 子どものお誕生日会を計画しよう

子どものお誕生日会は、少人数のパーティにして、全員が遊べるアクティビティをいくつか用意しましょう。

気に入らないプレゼントや，もうすでに持っている物をもらっても，いやな顔をせずに普通の顔や笑顔で「ありがとう」が言えるように（「もう持ってるよ」ではなくて）社交に必要なふり**（ソーシャル・フェイク）**をすることを教えましょう。（P.101 参照）

みんなに，来てくれてありがとうと言って，みんなが楽しめるようにしましょう。

● **おみやげは何がいい？**

子どもたちは，パーティの最後に起きたことを一番よく覚えているものです。帰るときに，特別なお菓子やおもちゃの入った袋をおみやげにもらえば，楽しいパーティだったと，よい思い出になるでしょう。

友だちの好きなことや欲しい物を一緒に考えて，おみやげに何を用意したらよいかを考えましょう。

かくれたルール

1 呼ばれていないパーティに勝手に行ったり，呼んでもらえなかったと，文句を言ってはいけないよ。

2 お誕生日会にプレゼントを持って行ったら，中身が何かを言ってはいけないよ。プレゼントはサプライズだから，お誕生日の子が箱をあけるまで待とう。

3 友だちのお誕生日会で，ほかの子が持ってきたプレゼントを開けたり，頼まれていないのに，ケーキのろうそくを吹き消したりしてはいけないよ。**（期待されない行動）**

4 お誕生日の子がその日の主役だよ。きみの好きな遊びではなくても，楽しくなくても，その考えは頭の中にしまっておこう。こういうときが，社交に必要なふりをするときなんだ。

8 ディナーパーティでの アクティビティ

ジョブトーク　　お客さん係，お掃除係，お皿洗い係になってね

●パーティのお手伝いをしよう

　家でパーティをするときは，子どもに役割を与えて手伝ってもらいましょう。テーブルに食器を並べたり，お客さんを出迎えたり，パーティ前の掃除の手伝いや，食事の後の片づけを手伝ったりしてもらいましょう。

　合図を送ったり，支援したりしながら，子どもが役割を果たせるように手を貸しましょう。手伝ってくれたことをほめるのも忘れないように。

● パーティの練習をしよう

　パーティの間，子どもにどうしてほしいか，期待される行動を前もって話しておきましょう。（例：食卓で静かにしていてほしい，一人で遊んでいてほしい）そして，お客さんが来る前にゆっくり時間をかけてロールプレイをしておきましょう。

　実現可能なしてほしいこととルールを決めて，守れたらごほうびをあげるのも忘れないように！（例：「食事の間おとなしくできたら，あとでみんなと一緒に特別な映画を見てもいいよ」）

● 言葉のキャッチボール

　パーティでの雑談は，言葉のキャッチボールのようなものです。キャッチボールのように，お互いに質問し合ったり，答え合ったりします。最近のことや，今パーティで起きていることなどについて話します。

　こうした会話やキャッチボールのような雑談を子どもと練習してみましょう。最近のこと，パーティの食べ物のこと，天気のことなど，どのくらい言葉をつなぐことができるでしょうか？

ジョブトーク　　歌手，コメディアン，ピアニストになってね

●パーティの余興

　パーティで，子どもに犬やほかのペットの芸を披露させたり，最近習ったことを演じてもらいましょう。（例：手品をしたり，詩を朗読したり，覚えた曲をピアノでひくとか）

　お客さんを楽しませるよい方法です。前もって練習して，よいときを見計らって披露しましょう。P.114 に，子どもに適したアイディアをまとめましたので参考にしてください。

かくれたルール

1　お客さんが家に来たら，「いらっしゃい」と言って中へ入ってもらうのが，求められていること**（期待される行動）**だよ。

2　その家に呼ばれてご馳走になったら，おいしかったと家の人にお礼を言うのが礼儀正しいことなんだ。帰る前には，呼んでくれたお礼を言おう。

3　きみが食べ終わっても，まだみんなが食べているなら，「失礼してもいいですか？」と聞いてから席を立とう。

9 お盆休みの計画を立てるときのアクティビティ

● 旅行の日程表

　お盆休み中の行動について，子どもに詳しく話しておきましょう。お盆休みの全工程のスケジュールを決めておけば，家族全員が期待される行動が何かわかります。

　さらに，毎日のイベントのスケジュールも作っておけば，毎日のできごとが子どもにわかるので，新しい体験や知らない人との接触や，移動から来る不安感を減らすことができるでしょう。

　お盆休み中の旅行が子どもにとって成功するように，事前にお盆休み中の旅行での状況をお話にして子どもに読んで聞かせましょう。お話には写真や絵を使ってもいいでしょう。P.116 の「ソーシャル・ナラティブ（社会的なお話）」のサンプルを参考にしてください。

> **ジョブトーク**　　ナビゲーター（案内人）になってくれる？
>
> ● **ナビゲーター（案内人）になろう**
> 　地図を使ってどこへいくのか，そこへ行くのにどのくらい時間がかかるのか，いつ休憩するのかなど，子どもに話しておきましょう。
> 　子ども専用の地図を持たせて，手伝ったり，案内人になってもらったりするとよいでしょう。訪れた場所は地図にしるしをつけさせましょう。

● ツアーガイドになろう

　目的地に着いたら，子どもにツアーガイドになってもらいましょう。地図を読んだり，パンフレットをもらってきたり，いろいろな見どころを家族に教えたりすることで，リーダーシップや自発性のスキルが育ちます。

> **ジョブトーク**　　計画を立てるプランナーになってよ！
>
> ● **毎日の予定を決めよう**
> 　お盆休みという物は，日程をきちんと守る物ではありませんが，子どものためにある程度，一日の予定を決めましょう。そうすれば，食事や就寝などの時間がいつなのかがわかり，予測したり期待したりすることができるようになります。
> 　もしその日の予定が変わるようなら，子どもに伝えて，新しい予定を作ることに参加させましょう。子どもが旅行を楽しむためにも健康的な食事と睡眠はいつも大切です。

かくれたルール ●

1　飛行機に乗っているときは，じっと座っていよう。狭い場所を人と共有するのだから，いすのひじ掛けから向こうに，腕や体を出してはいけないよ。

2　みんな同じ音楽が好きとは限らないよ。車に乗っているときは，あまりこだわらずに，自分の好きな音楽だけでなくて，ほかの人が聞きたい音楽も聞くようにしよう。

3　飛行機は時間通りに飛ばないこともあるんだ。そんなときは，落ち着いて，本を読んだり，ゲームをしたり，音楽を聞いたりしながら待っていよう。

10 旅行中のアクティビティ

> **ジョブトーク**　探偵，観察者になろう
>
> ● だれとだれが家族？　ゲーム
>
> 　プールサイドに座っているときやビーチで遊んでいるとき，飛行機を待っているときなどに，子どもと「だれとだれが家族？」のようなソーシャル探偵ゲームをしてみましょう。
>
> 　周囲の人を見て，人間関係や，家族関係をあてるゲームです。たとえば，二人の子どもが遊んでいて，そのそばに両親が座っていれば，この二人は多分お兄ちゃんと妹でしょう。
>
> 　このような知っていることをもとにした予測（**賢い予測**）は，社会状況や人間関係を観察するスキルを育てます。

> **ジョブトーク**　ジャーナリストになろうよ
>
> ● 旅行中の日記をつけよう
>
> 　旅行中の楽しかったことやそうでなかったことについて，日記に書かせてみましょう。必要なら，手伝いましょう。旅行から帰って，友だちに見せるお話を書かせてみましょう。友だちといるときの，よい会話のきっかけにもなるでしょう。
>
> 　このアクティビティの途中や終わってから，P.102 の「今どんな気分？」の表を使って，子どもの気持ちを調べてみましょう。「今どんな気分？」の表が手元になければ，このアクティビティをしてどんな気持ちになったかを，たずねてみましょう。

● 旅行を記録しよう

　旅行を記録するために写真を撮るのを忘れないでください。家に帰ってから，写真をアルバムに貼って，子どもと見ましょう。

　子どもが友だちに，旅行の写真について簡単に話せるように練習しましょう。

● 知らない場所，知らない人

　行ったことのない町や国へ行ったら，そこの文化や生活状態や，そこに住む人々の暮らしについて子どもに教えましょう。

　ほかの人のことを考えたり，自分とはちがう生活をしている人がいるのだということに気づくよう手助けしましょう。視点取得（P.9 参照）のスキルに役立つアクティビティです。

> **ジョブトーク**　私は写す人。あなたはにっこり笑って写される人になろうね
>
> ● はい，チーズ！
>
> 　旅行中のさまざまな体験を写真に撮って，帰ってから子どもと思い出を話しましょう。人々がさまざまな感情を表しているところの写真がいいですね。あとで見ながら，その人はどんな気持ちなのか，なぜなのか，など知っていることをもとに予測（**賢い予測**）をしてみましょう。

● 曲あてゲーム

　曲あてゲームをしましょう。一人の人が今から歌う曲をみんなにあてさせます。ヒントは，歌手の名前，曲のスタイル，どの番組の曲かなど。

　その曲から少しだけメロディーを歌って聞かせていいことにします。論理的なヒントや，知っていることをもとにして予測（**賢い予測**）する，よいゲームです。

　車で家族旅行に行くときは，「しりとり」や「20の扉」もいいですね。車中でできる「ビンゴ」や「トランプ」などのゲームも忘れないで持っていきましょう。

ジョブトーク　　きみはエレベーター係だよ

● **旅行中も親切にしよう**

　ホテルのエレベーターに乗っているとき，ほかの泊り客が乗って来たら，「何階ですか？　ボタンを押しましょうか？」と子どもにたずねさせてみましょう。親切にされた人の表情を子どもに観察させましょう。

　P.102の「今どんな気分？」表を使って，人の表情や，言葉ではないヒントを見ながら，その人たちがどんな気持ちなのか判断するのを手伝いましょう。

　また，乗ってくる人の服装や持ち物を見て，その人たちが今からどこへ出かけるのか知っていることをもとに予測（**賢い予測**）をするソーシャル探偵ごっこもいいですね。「ホテルのジムかな？」「プールかな？」「ハイキング？　それとも夕食に出かけるところかな？」といったように。

かくれたルール ●

1　旅行中にできた友だちは，たいていの場合，そのときだけの友だちなんだ。

2　プールに泳ぎに行く前に，水着を着ておこう。日焼け止めも忘れないでね。

3　乗り物に乗っているときは，小さい声で話すことが，求められていること（**期待される行動**）なんだ。

4　プールで，ほかの人の体型についていろいろ言ってはいけないよ。

5　プールに入る前にトイレに行こう。プールの中でおしっこをするのは不潔なんだ。

6　プールの水には化学薬品が入っているから飲んではいけないよ。泳いでいるとき，水を飲み込まないようにしよう。

たくさん機会を作って続けましょう

　子どもの保護者や世話をする人が，子どもにソーシャルスキルと社会参加を教えたりお手本を示したりできる機会は，数え切れないほどあります。

　家庭生活の中にも教えるチャンスが無数にあります。スキルの練習をさせたり，これから起きるできごとのリハーサルをしたり，よい行動をほめたりするときに，日常生活の中の機会をフルに活用してください。

　この本がそのきっかけになればと思います。家族やお子さんの学習スタイルに合わせて，アクティビティを調整してください。

　ソーシャルサクセスへの道案内に最も役立つのはどんな方法なのか，一番よく知っているのはあなたなのですから。

　本書のアクティビティの中には，もうすでにやっているよ，という物もあるでしょう。保護者の自分の子どもに関する直感は実に優れた物です。たとえ方法の名称はわからなくても，保護者はすでに，自分の子どもに必要なガイダンスの方法をたくさん知っています。

　お子さんのソーシャル面の向上を支えるために今あなたが行なっていることを認識し，さらなる育成のために，より多くの機会を作って行ってください！

第4章

ソーシャルラーニングと感情の学習を，日常生活に組み入れる方法

　子どもたちの社会生活能力を育てる支援に役立つ，根拠や調査に基づいた方法や哲学はたくさんありますが，これらの介入方法全ての専門的知識を得ようとすると，何年もかかってしまいます。

　本書の目的は，親御さんたちをセラピストにしてしまおうというのでも，過剰な情報で圧倒しようというのでもありません。ですが，家庭で簡単に使える方法を理解していただくのに必要な主だった専門用語や方法の概念を，この章にまとめました。

ティーチング・モーメント（教えるチャンス）

教えるチャンスとは，日常の自然な機会を利用して，洞察力や実践力をつけ，活動への参加を促すことです。家庭や学校や地域社会で，教えるチャンスを活用して，学習を促したり，さまざまな環境で新しいスキルを教えていこうという，いくつかの根拠に基づいたセラピー方法があります。(National Autism Center, 2011)

保護者にとって，教えるチャンスは計画的な場面にも，そうでない場面にもあるのです。たとえば，子どもとボードゲームをするときに，勝ち負けにこだわらないことを教えるよい機会が訪れるかもしれません。また，子どもが何かができないでいるときは，助けを求める方法を教えるよいチャンスにもなります。

こうした機会は，自覚やスキルの育成を促したり，ソーシャルスキルを，類似したほかの場面でも使えるようになるための練習に最適です。

身の周りで日々起きるさまざまな出来事は，子どもに自分の行動が他者や社会的な状況にどう影響を与えるかを理解させ，実践的に考える機会を与えてくれます。

たとえば，子どもがほかの子のおもちゃを勝手に取って泣かせてしまったとき，私たちはこのチャンスを使って，こう言います。

「おや，あなたがおもちゃを取ったから，その子が泣いてしまったね。おもちゃを返して，『この次貸してくれる？』って聞いてみようよ。勝手に取るのではなくてね」

人生は，こうした教えるチャンスに満ちています。子どもの社会生活能力をサポートするために，有効に使いましょう。

モデリング（お手本を示す）

たいていの子どもは，私たちが思っているよりも多くのことを見たり聞いたりしている物です。オウムのように，見聞きしたことを「真似る」こともあります。こうして意図的に，あるいは偶然に，子どもは親，きょうだい，友だち，先生などを観察して学んでいくのです。

ですから，子どもに教えたり行動のお手本を示すことが重要なのです。(National Autism Center, 2011)

そこで大人には，人に親切にしたり，子どもに教えたい良い言葉を使ったりというようなことが望まれます。子どもに真似されたくない行動や言葉にあふれたテレビ番組などは避ける努力をしましょう。遊びの最中や教える機会が来たときに，お手本を示すこともできます。

たとえば，ボードゲームをしていてあなたが負けたら，「負けてくやしいけど，勝ち負けにこだわらないで怒らないように，がんばってみるよ。ゲームは楽しかったからね」こうしたポジティブなセルフトーク（訳註：自分で自分に語りかけること）を子どもに聞かせることは，自分を励ましたり動機づけたりすることの重要さを理解させることにつながります。

人生のハードルを乗り越えていくためには，だれでも心の中にチアリーダーが必要なのだと，子どもに教えてあげましょう。

たとえば，クッキーを焼いてるときに，「この前，作ったのはパサパサだったから，今度はおいしくなるように小麦粉の分量を少し減らしてみようかな」と言ってみましょう。完璧な人なんていないということも，お忘れなく！　もしあなたが，うっかり誤ったことを言ってしまったり，子どもによくないお手本を見せてしまったときは，それを教えるチャンスにして，状況を改善したり，

謝ったり，やり直したりして見せればよいのです。

　子どものソーシャルラーニングと成長のために，自分の人間関係や友だち関係や社会的な状況を使って，よいお手本を示しましょう。

プライミング（ソーシャル・ブリーフィング）

　私たちはだれでも，ある作業をしているときや特定の状況において，何が起こるのか，何をすればいいのかが事前にわかっていれば，気持ちが楽になります。

　どこへ行くのだろう？　何時間続くのだろう？　どんな人が来ているのかな？　そこへ何を持って行って，何をすればいいのだろう？　だれでもこんなことを疑問に思うでしょう。子どもも同じです。

　特定の状況で起こることがわかっていればうまく行動できるし，不安感も減るということを，私たちは認識するべきです。そうすれば，子どもはきっとうまくやれるし，気持ちがもっと楽になるでしょう。

　その結果，困った行動も少なくなるかもしれません。そのためには，そのイベントに関する情報や，子どもが苦手そうなアクティビティについて，事前に予習しておけばよいのです。これはプライミングと呼ばれる物です。(Aspy & Grossman, 2011; Koegel et al., 2003)

　プライミングには，ソーシャル・ナラティブ (Gray, 2000) という方法があります。これは，ある社会の状況を自分を主役にして物語化する物です。（P.116 に例を記しました）

　子どもがするべきことや，してはいけないことだけでなく，暗黙のルールについても忘れずに話しておきましょう。たとえば，「ジョニーの家に行ったら，カーペットを汚さないように，靴を脱ぐんだよ」。

ソーシャル分析（ソーシャル・デブリーフィング）

　事前に何が起こるのかを話しておくのが大事なのと同じように，起きたことについて後から話すことも重要です。結果について話し合ったり，うまくできたのはどんなところなのか，今度はどうすればよいのか，などとデブリーフィングするのは，大変有益なことです。

　これは，ソーシャル分析 (Lavoie, 2005) とも呼ばれる方法で，できごとをおさらいして，そのときの状況を「分析」してみることです。なぜうまく行ったのか，あるいは行かなかったのか，その原因となった相互作用や行動を分析して調べるのに，この方法を利用することができます。

　たとえば，あなたの息子さんが休み時間に友だちとボールを共有できたから，友だちが放課後一緒に遊ぼうと誘ってくれた，というように。こうした行動が認識できれば，子どもはきっとそれを繰り返すようになるでしょう。

　ソーシャル・ナラティブと同じように，言葉や絵や漫画などを使って話してもよいでしょう。物語にして書く必要はありません。子どもが腹を立てているときではなく，落ち着いて集中できるときを選んで行ないましょう。

　できごとをおさらいして，うまく行ったことは何か，もっとうまく行くためにはどんな方法があったかなどを話し合いましょう。そして，将来のためのいくつかの選択肢や問題解決の方法についても話しましょう。

　子どもの行動によって，ほかの人がどんな気持ちになったか（ポジティブな気持ち，ネガティブな気持ち）について考えて話し合う練習にも，最適の機会です。

　こうして視点取得のスキルが育ちます。複雑にすることはありません。子どもからバースデーカードをもらった友だちはどんな気分になったか

（いい気分になった）とか，友だちがバースデーケーキのろうそくを吹く前に，ほかの子どもが吹き消してしまったら，その子はどんな気持ちになっただろう（腹が立ったり，悲しくなった）というように，シンプルに確認しながら話せばよいのです。

たとえば，「ジョーイは，きみが作ったバースデーカードをすごく気に入ってたね。カードがジョーイをいい気持ちにさせたんだね。でも，バースデーケーキのろうそくを，ジョーイが消す前にきみが吹き消してしまったとき，怒っているようだったよ。気がついた？」

時間を作って，できごとの前と後の状況について話すこと（プライミングとデブリーフィング）は，子どもに身につけさせたいスキルを具体的な場面で使えるようにするために非常に効果的です。

プレイ（遊び）

遊びは，子どもが社交を学ぶ最も大切な方法の一つです。子どもは遊びながら，言語のスキル，感覚と運動のスキル，想像力，問題解決と計画を立てるスキル，じょうずに参加する技能，批判的思考，社会的抑制などを身につけます。

親や子どもの世話をする人にとって，遊びは子どものスキルを育てたり，社会性と感情を高めるためのよい手段となります。ほかの子どもと遊ぶ機会を作ることは，子どもの発達をさらにサポートする物です。(Wolfberg, 2009)（P.118 に，友だちと遊ぶ機会を作るよい方法を記しました）

遊びはいつでもどこでも，決められた時間でも，そうでなくてもできます。子どもの発達レベルと興味にあわせたおもちゃや道具を使ってもよいでしょう。

遊びやアクティビティの順番は，子どもが先立ってやろうとしていることや希望にしたがって決めましょう。(Greenspan, Wieder, & Simons, 2008)

たとえば，公園の砂場で子どもが遊んでいるときは，あなたも靴をぬいで子どもと同じ目線で砂で遊ぶのです。子どもが砂のお城を作っているようなら，一緒に作りましょう。砂に足を埋めているのなら，あなたの足も埋めてみましょう。近くで遊んでいるほかの子どもたちを誘ってみましょう。

成果や結果ではなく，今この時の楽しみを子どもと共有することに焦点をあててください。

プロンプティング

プロンプティングとは，子どもが何かを達成したり，好ましい反応を示したりするために，支援したり，合図を送ったり，手助けをしたりすることです。それにはいろいろな方法があります。

・身体的プロンプティング（積み木のタワーを作るとき，子どもの手の上に手を添えて，積み木を取ったり積み重ねたりする）

・言葉のプロンプティング（子どもにしてほしいことを直接的または間接的に言う。たとえば「"こんにちは"って言ってね（直接的）」や，「人に会ったらなんていうの？（間接的）」）

・身ぶりのプロンプティング（してほしいことを，体や視線で示す）

・視覚的プロンプティング（してほしいことをずばり，お手本，写真，予定表，文章，そのほかの視覚的合図で示す）(Maurice, Green, & Luce)，などがあります。

子どもが成功して自信がつくように，必要な支援やプロンプティングを与えることが大切です。同時に，子どもがいつか助けがなくても自分でできるようになるために，プロンプティングは最小限にしておくことも大切です。

どのプロンプティングをどの程度（最大から最小まで）使うのかを考えるとき，デクララティブ・ランゲージ（叙述的な言語）とインペラティブ・ランゲージ（命令的な言語）のちがいを知っておけば役立ちます。

デクララティブ・ランゲージは，子どもが自分ですべきことを達成し，自分の内面のコーチングとセルフトークの力をつけるために，あえて具体的にどうすべきかを言わずに，ただ好ましい結果について述べたり説明したりすることです。

すると，大人からの直接的な言葉のプロンプティングやコーチングがなくても，自発的に行動してゴールを達成することができるようになります。たとえば，「あれ，テーブルに汚れたお皿があるね」とか「手が汚れているよ」がデクララティブ・ランゲージです。

このタイプの考えかたは，自己監視，問題解決，そして，自分自身の考えや学んだことを別の立場から見て認識する全般的な力を育成します。

一方，インペラティブ・ランゲージは，ずばり何をすべきかを，命令したり，直接的な言葉のプロンプティングをすることです。たとえば，「汚れたお皿を台所の流しに持っていきなさい」とか「手を洗いなさい」というものなのです。

こうしたタイプのプロンプティングは，子どもに問題解決をさせたり，自分で考えさせたりすることがないので，独立心や自助能力を育みません。

感情のサポート

自分の感情を認識して抑制したりコントロールしたりできることは，社会で成功するのに不可欠です。もし私たちが自分の感情をコントロールできなかったり，さまざまな社会の要求に沿った明白な行動を取ることができなかったりすれば，社会的な状況の中で成功する確率がとても低くなるでしょう。

感情や行動が社会の状況に適合していないと，周囲の人を居心地の悪い気分にさせ，一緒にいたくないと思わせてしまいます。たとえば，子どもが休み時間が終わったのにまだ教室を走り回っていて落ち着くことができなければ，先生やほかの生徒はいらいらして，腹を立てることもあるでしょう。

そして子どもは教室から出されてしまうかもしれません。子どもが普段から感情のコントロールができないでいると，多動，衝動的，怠け者，破壊的，不従順などのレッテルを貼られてしまうことがあります。

これらは，ソーシャル・レギュレーション（社会的抑制）の欠如を示唆していることもあるので，問題の根本をはっきり理解して，子どもがスキルを育ててより成功するためにどのような支援が必要なのかを見きわめることが大切です。

感情の制御と類似した物に，ＥＱ（エモーショナル・インテリジェンス＝心の知能指数）があります。ダニエル・ゴールマンは，ＦＱはＩＱ（知能指数）より重要である，なぜならＥＱは，人間関係を理解したり，指導力や自己管理スキルを育てるのに役立つ基本的なスキルに関わる物だからだと述べています。（1995）

感情を制御するスキルが遅滞すると，勉強に集中したり，周囲との人間関係をうまくとることが難しくなります。ＥＱの高い子どもは，自分を制御することができて，気持ちを集中させたり静かに保つことができ，勉学やそのほかのチャレンジに立ち向かうことができます。

一方，ＥＱやソーシャル・レギュレーション（社会的抑制）に問題がある子どもは，教室や学校や勉学面で苦労するかもしれません。

ゴールマンは，親が子どもの感情面のコーチと

なり，実生活の中の感情的な瞬間や状況を教える機会としてとらえて，子どもが他者の感情だけでなく自分の感情も理解するのを手助けするよう提案しています。

そのために親は子どもを観察して，うまく行っているかどうかを子どもとだけでなく，学校の先生とも連絡をとっていくことが大切です。そうすれば，どんな状況で子どもが感情的に反応し，どんなコーチングが役立ったのかを，知ることができます。

たとえば休み時間のあと，いつも子どもが悲しそうだったり怒っているようなら，子どもが自分の気持ちについて話せるような感情のコーチングと，休み時間に腹が立つどんなことが起きているのかを判断することが必要でしょう。

感情が激しすぎるときは，はっきり考えたり，状況から学んだり解決したりする前に，まず気持ちを落ち着かせなくてはならない場合もあるでしょう。

子どもの世話をする私達に大切なのは，100％集中して子どもの話を聞き，子どもの気持ちを認めることです。それによって子どもは，自分の話をしっかり聞いて理解してもらえたと感じるのです。

たとえば，何かに腹を立てているときは，かがんで子どもと目線を合わせて，何が起きたのかをしっかり聞いて，「それはいらいらするよね」のように話しかけます。すると子どもは気持ちが落ち着き，問題を解決することができるようになるでしょう。あとで子どもが自分の気持ちに対処する心の準備ができたら，それがどんな感情だったのかを，言葉で言い表して教えることができます。（例：「腹が立っていたんだね」「今悲しそうな顔をしているよ」）

こうした会話や，絵や，文章や，少しのヒント（プロンプティングを参照）や，ロールプレイ（ロールプレイを参照）によって，問題解決ができるようになるでしょう。

最後に，充分な睡眠や水分や栄養が，子どもの脳が感情を制御したり学ぶ準備をしたりするために欠かせないことも忘れてはなりません。睡眠不足では，はっきり考えることができません。そのため，自分の感情に対処したりよい選択をしたりすることができず，それが子どもの行動に表れることがあります。

食べ物は体の燃料で，水は気分の調整装置です。健康的なたんぱく質と脂質を与え，毎日最低8杯以上の水を飲ませるようにしましょう。車のガソリンや，植物の水と同じように，子どもの脳にも適切な食べ物を与えて，脳がきちんと機能し，毎日健全な社会生活が送れるようにしなくてはなりません。

強化することとほめること

私たちはいつも子どもたちに，何をすべきか，何をすべきでないかを言っていますが，子どもがじょうずにできたことにも注目して，その時に即座にそれに応じることが重要です。何か一生懸命にしているときや，人を助けたり人に親切にしているときをキャッチしましょう。

そしてその前向きなよい行動を，言葉やジェスチャーでほめましょう。子どもは認められたと感じて，またその好ましい行動をくり返そうという動機が高まることが多いのです。

言葉でほめるときは，子どもの努力，勤勉さ，やる気を認めることが大切です。（例：「時間かけて一生懸命にケーキを飾りつけているね」「すてきだね」「あきらめなくてえらかったね」）

こうした言葉は，子どもの成長思考 (Dweck, 2006) と内発的動機づけをサポートし，自分の最

大の努力に満足できるようになります。逆に，たとえば「きみは頭がいいね」みたいな，子どもの知能，生まれつきの能力をほめることは，かえって努力に向けて集中しなくなったり，難しいことがあると止まってしまう固定された思考態度を作り出してしまいます。

このステップをさらに推し進めたのは，言語聴覚士で実行機能の専門家であるサラ・ワードです。彼女は，子どもの「行動」と「結果」をただほめるだけでなく，「感嘆の声」をあげようと提唱しています。それによって，これからのことや，なぜそれをするのかという理由が子どもにより認識されるようになると言います。（personal communication, 2013）

たとえば，「よくできたね」のようなおおまかな言葉では，子どもは自分がしたことの重要性を理解することができません。代わりに「あら！タオルをタオルかけにかけてくれてありがとう。（行動）そうすればちゃんと乾くよね。（結果）すごいな！（感嘆）」というぐあいに言ってみましょう。

最終目標は，内発的動機づけを育てることで，外発的動機づけや動機になる物質（ごほうび）を必要としなくなることです。しかし，それが難しい場合や，ほめ言葉や自然の報酬（たとえば笑顔で笑いかけてもらったり，自分のしたことに内発的に満足する）が動機づけにならない場合は，ごほうびや強化を試してもよいでしょう。

この方法は，応用行動分析（ＡＢＡ）の原理に基づいた物です。ＡＢＡの見解によれば，行動の後に強化すれば，再びその行動を起こすことが多くなると言います。（Maurice et al., 1996）

同じタイプの強化刺激が全ての子どもに適しているとは限らないことを認識することも重要です。たとえばハグされるのが好きな子どももいますし，そのような親近感を嫌がる子どももいるでしょう。

したがって，それぞれの子どもにとってどの強化刺激がふさわしいかを，子どもを観察したり，直接たずねたりして，査定することが大切です。強化メニューと呼ばれるチェックリストが役立ちます。（Aspy & Grossman, 2011; Rathvon, 2008）

さまざまな強化刺激のリストから，子どもが好む物にしるしをつけてもらいます。（P.116のサンプルメニューを参照）好みは変わっていく物ですので，必要に応じてメニューを見直してみましょう。

子どもがもっとスキルを身につけたり内発的動機づけができるようになったら，物による報酬や強化刺激を減らしていき，ごほうびに頼らずに作業をしたりやり遂げたりできるようにしましょう。ポジティブな行動を前向きにほめたり強化したりすれば，より好ましい行動が助長育成されるというのが，この考え方なのです。

こうしたフィードバックは，動機や自信を高めます。成功すると「こんな感じなんだ」と子どもが理解できるようになり，好ましい行動と前向きな思い出が結びついて，再び同じ行動をしようという動機が高まるのです。

ロールプレイ／リハーサル

ロールプレイや，ロールプレイの一つであるリハーサルは，問題を解決したりソーシャルスキルを練習したりするために，子どもが実際の状況を演じてみることです。ロールプレイを通して実際のできごとがどんな感じなのかイメージを作ることができます。（Sohn&Crayson, 2005）

たとえば，「休み時間にだれかにぶつかって来られたふりをしてみようよ」と言って，その状況をどうコントロールするかを，言葉や体や行動で子どもに演じてもらうのです。

すると，子どもがさまざまな状況をどのように受け止めているかがわかり，問題が起きたときどんな気持ちになるかについて話し合うこともできます。ほかの子どもたちの考えや感じ方についても知ることができるでしょう。

このタイプの練習は，問題が起きたときに何を言えばいいのか，何を言ってはいけないのかを考えさせるだけでなく，非言語的な合図を理解したり読み取る手助けにもなります。

ロールプレイは，グループで勉強するとき，遊びに加わるとき，会話をするとき，そして子どもが大きくなって仕事の面接をするときの練習に使うこともできます。ある状況を設定して演じてみることで，自尊感情や自信が育ち，また社会における前向きな行動を促進するためのいろいろな選択肢を練習することができるのです。

ジョブトーク

人はただ「投票する」ように言われるより，「投票者」と呼ばれた方が，実際に投票する率が上がるという，興味深い調査があります。(Bryan, Dweck, Robers, &Walton, 2011)

このように動詞から名詞に言葉づかいを変えただけで（「投票する」から「投票者」へ），投票という行動への興味が大いに増し，その結果，投票者が増えたのです！

ブライアンらは，これは人々が何かをするように言われるのに反して，自分のことを独立心と自己決定力を意味する「投票者」という前向きな物として見ることになったからだろうと考えています。

ワードとヤコブセンは，このリサーチを「ジョブトーク」というシンプルな方法で，子どもに適用しました。(2012)

臨床観察から，動詞に「〜する人，〜屋さん」という語尾を加えることで，子どもの作業をやり遂げようという動機が高まったと言います。すなわち，作業や行動を「仕事＝ジョブ」にすることで，子どもに，洗濯屋さん，拭き掃除屋さん，歯みがきをする人，聞く人，といった仕事の役割を与えるのです。

ある行動の動詞を名詞に変えることは（例：「アニー，歯をみがきなさい」を「アニー，歯みがき屋さんになってね」）子どもに主体性を与えます。自信をつけて，「自分にはこれができるんだ」という自分についての前向きな考えを養います。

このようにちょっとした言葉のシフトで，家のお手伝い（「お皿を食卓に出してちょうだい」）の行動が，「私はお皿係よ」という自信へ変わるのです。下記にいくつか例を挙げました。

行動／動詞	名詞「ジョブトーク」
手を洗いなさい	手を洗う人になってくれる？
カウンターを拭いてね	カウンター拭き係になってね
二階に行って歯みがきをしなさい	歯みがき屋さんになろう
算数の宿題から始めなさい	数学博士になる練習をしよう

第5章

この本の全アクティビティと，強化が期待される社会生活能力（索引）

P.90～P.97の表は，本書のアクティビティがどの領域の社会生活能力を強化するかをまとめて仕分けした物です。

どのアクティビティも，一つだけではなく広い範囲のスキルをサポートしています。この表では，それぞれのアクティビティが特にどの社会生活能力をサポートするかを示しました。

＊✓が強化する社会生活能力を示します。

		ページ	感情抑制	認知の融通性	非言語伝達	人のことを考えるスキル・視点取得	言語による表現力	言葉の受け止めと指示に従う	想像と遊び	実行機能	ソーシャル・ルール	観察と社会認識
第1章　家庭でのアクティビティ												
①	今どんな気分？	16	✓				✓					✓
	一日の計画を立てよう		✓	✓						✓		
	写真とマッチング									✓		✓
②	晴れそれとも雨？	17								✓		✓
	朝のしたくをしよう		✓							✓		
	目覚めのテクニック		✓									
	何を着ようか？											✓
③	夕食を作ろう	18								✓		
	献立はなあに？				✓							✓
	食べ物はどこから来たの？					✓						
④	特別な場所づくり	19							✓		✓	
	特別な時間			✓					✓		✓	
	遊びの手順								✓		✓	
	みんなで楽しもう！					✓			✓			
⑤	ルールを知ろう	20					✓		✓		✓	
	楽しみを増やそう			✓			✓		✓		✓	
	公平に遊ぼう				✓				✓		✓	
	ほかの子のゲームもしよう	21			✓		✓		✓			
	決められないときは投票で決めよう		✓	✓					✓			
⑥	衣装を着てみよう	22					✓		✓			
	箱で遊ぼう			✓			✓		✓			
	お話を演じよう			✓	✓		✓		✓			
	ロールプレイしよう		✓		✓	✓			✓		✓	

		ページ	感情抑制	認知の融通性	非言語伝達	人のことを考えるスキル・視点取得	言語による表現力	言葉の受け止めと指示に従う	想像と遊び	実行機能	ソーシャル・ルール	観察と社会認識
⑥	とりでを作ろう	23					✓		✓	✓		
⑦	風船で遊ぼう			✓	✓							
	言葉を使わないゲーム	24			✓	✓						✓
	宝探し							✓				✓
	まねっこゲーム				✓		✓					✓
	フリーズダンス	25	✓	✓	✓	✓						
	お店屋さんごっこ						✓	✓				
⑧	掃除機かけのお手伝い				✓			✓				✓
	食卓の用意をしよう	26				✓					✓	✓
	だれの服だろう？					✓						✓
	写真に合わせてお片づけ										✓	✓
	お掃除を遊びに変えよう	27					✓	✓				✓
⑨	名前を決めよう						✓					✓
	ペットの世話をしよう	28					✓	✓			✓	
	ペットに芸を教えよう					✓	✓					
	ペットの気持ちをあてよう	29	✓			✓	✓					
	ペットといればいい気持ち		✓				✓					
⑩	家族の好きな番組はどれ？					✓						✓
	出演者の気持ちと考え	30		✓	✓							✓
	家族でテレビを見よう			✓		✓						
	キャラクターについて考えよう					✓						✓
	キャラクターの気持ちをつかもう	31			✓	✓						✓
	メディアを使ってソーシャルスキル				✓	✓						✓
⑪	写真を見て話そう	32			✓							✓

＊✓が強化する社会生活能力を示します。

		ページ	感情抑制	認知の融通性	非言語伝達	人のことを考えるスキル・視点取得	言語による表現力	言葉の受け止めと指示に従う	想像と遊び	実行機能	ソーシャル・ルール	観察と社会認識
⑪	気持ちのスクラップブック	32	✓		✓							✓
	家系図を作ろう					✓						
	今あなたのことを考えているよ	33				✓					✓	✓
	家族のことを考えよう					✓	✓					
⑫	言葉遊びで息抜き					✓	✓				✓	
	かくし芸大会	34				✓	✓	✓		✓		
	ペットの芸を披露しよう				✓	✓						
	ジェスチャーゲーム		✓		✓				✓			✓
	いろいろな才能	35				✓	✓					
	家族劇をしよう				✓	✓			✓			
⑬	まごころカードを作ろう					✓	✓					✓
	いろんな顔を描こう		✓		✓							✓
	人の頭の中を見てみよう	36				✓						✓
	絵で表現しよう					✓	✓					
	文通しよう					✓	✓					
	工作の完成品の視覚化	37							✓	✓		
⑭	笑顔でウエイター（ウエイトレス）					✓	✓				✓	
	スナックを配ろう	38			✓	✓						
	目で考えよう			✓	✓	✓		✓	✓		✓	✓
	親切の連鎖反応				✓	✓						
	1・2・3で，でき上がり！	39								✓		
⑮	食卓で報告しよう		✓				✓					
	食卓の会話ゲーム	40					✓	✓			✓	
	食卓のマナー										✓	✓

		ページ	感情抑制	認知の融通性	非言語伝達	人のことを考えるスキル・視点取得	言語による表現力	言葉の受け止めと指示に従う	想像と遊び	実行機能	ソーシャル・ルール	観察と社会認識
⑮	「視線で話そう」ゲーム	40			✓	✓						✓
	お気に入り						✓	✓				
	夕食の予定を絵にしよう	41									✓	
	食卓の質問カード						✓	✓				
⑯	どんな一日だった？		✓				✓	✓				
	今日のできごとをはかろう	42	✓	✓								✓
	いい夢を見よう						✓					
	落ち着く深呼吸		✓									
	感謝の気持ち	43					✓					
	今日の親切						✓	✓				
⑰	きれいに洗おう						✓			✓		
	順番どおりにやろう	44						✓		✓		
	鏡の前で遊ぼう		✓									✓
	お風呂で遊ぼう								✓			
⑱	電話を受けよう						✓	✓			✓	
	電話の割り込み虫にならない	45					✓				✓	✓
	家族の電話ルール						✓		✓		✓	
	合図を決めよう				✓						✓	
⑲	主人公の気持ちになろう						✓					
	字のない絵本	46					✓	✓		✓		✓
	本の内容を推理しよう						✓		✓			✓
	絵や写真を説明しよう						✓					
	お話を続けてみよう						✓	✓				
	主人公の問題を解決しよう	47	✓				✓					

＊✓が強化する社会生活能力を示します。

		ページ	感情抑制	認知の融通性	非言語伝達	人のことを考えるスキル・視点取得	言語による表現力	言葉の受け止めと指示に従う	想像と遊び	実行機能	ソーシャル・ルール	観察と社会認識
⑲	体全体で聞こう	47	✓								✓	
第2章　外出時のアクティビティ												
①	プライミング（予備知識の提供）で準備しよう	50	✓				✓				✓	✓
	デブリーフィング（事実確認）をしよう		✓				✓				✓	
	同じようでちがう場所		✓	✓						✓		
	「みっけ！」ゲーム	51					✓					✓
	どっちがいい？　ゲーム						✓	✓	✓			
	行き先をあてよう						✓					✓
	気持ちを共有しよう	52	✓				✓					
	子どもの話を聞こう						✓					
	あてっこゲームをしよう						✓					✓
②	お買い物リストを作ろう	53								✓		
	どの売り場にあるかな？									✓		✓
	人に親切にしよう						✓					✓
	野菜や果物はどこから来たの？						✓					
③	ショッピング探偵になろう	54					✓					✓
	店員さんに聞いてみよう						✓	✓		✓		
	同じ物が見える？						✓					✓
	気持ちに対処しよう		✓									
	ドアを開けてあげよう	55				✓	✓					✓
	考えと気持ちのカード				✓	✓						✓
④	おもちゃを一緒に使おう	56			✓		✓		✓			
	友だちを選ぼう						✓					✓
	公園を体験しよう		✓						✓		✓	✓

		ページ	感情抑制	認知の融通性	非言語伝達	人のことを考えるスキル・視点取得	言語による表現力	言葉の受け止めと指示に従う	想像と遊び	実行機能	ソーシャル・ルール	観察と社会認識
④	一緒に想像してみよう	56		✓			✓		✓			
	一対一やグループで遊ぼう	57		✓		✓		✓	✓			
	雪や砂の上の足跡					✓						✓
⑤	順番を考えよう	58		✓						✓		
	注文はなんだろう？						✓					✓
	お客さんを観察しよう						✓					✓
	一日シェフになろう						✓					
⑥	気持ちを認めよう	59	✓									
	病院に行く練習をしよう		✓							✓	✓	
	待合室のゲーム					✓						✓
	身長と体重をあててみよう											✓
⑦	どんな映画？	60					✓		✓			
	映画館では静かに						✓				✓	
	映画が終わったら							✓				
	出演者の気持ちになってみよう					✓	✓					
⑧	スポーツチームに入ろう	61		✓				✓			✓	
	スポーツを観戦しよう										✓	
	感情を表す言葉		✓								✓	
⑨	近所を観察しよう	62					✓					✓
	近所の人はどんな人？					✓						✓
	親しみを込めてあいさつしよう				✓	✓	✓				✓	
	知らない人とは話さない										✓	✓
	親切の輪を作ろう	63					✓					
⑩	場所によるかくれたルール	64									✓	✓

		ページ	感情抑制	認知の融通性	非言語伝達	人のことを考えるスキル・視点取得	言語による表現力	言葉の受け止めと指示に従う	想像と遊び	実行機能	ソーシャル・ルール	観察と社会認識
⑩	物事の順番	64								✓	✓	
	選択肢を与えよう		✓									
	道具箱を作ろう	65	✓									
	思い通りにいかないとき		✓	✓								
第3章　祝日や特別な日のアクティビティ												
①	助け合いの精神	68				✓						✓
	憲法について考えてみよう										✓	
	良い国民のお手本を示そう											
	お札で歴史を知ろう					✓				✓		
②	何を贈ろうか？	69				✓						✓
	カードを作ろう					✓						✓
	ヘルパーさんになろう					✓				✓		
③	人のじゃまにならないように	70				✓					✓	✓
	花火大会で起きること									✓		
	お盆をどう過ごそう					✓				✓		
④	ハロウィン探偵になろう	71	✓		✓							✓
	仮装してみよう					✓	✓					
	お菓子をもらったら					✓					✓	
	かぼちゃランタンを作ろう		✓		✓							
⑤	クリスマスプレゼント	72				✓						✓
	チャリティの季節					✓						
	箱の中身はなあに？									✓		✓
	クリスマスのスキル										✓	
⑥	おせちづくりを手伝おう	73								✓		

		ページ	感情抑制	認知の融通性	非言語伝達	人のことを考えるスキル・視点取得	言語による表現力	言葉の受け止めと指示に従う	想像と遊び	実行機能	ソーシャル・ルール	観察と社会認識
⑥	今年の抱負はなんだろう？	73	✓				✓					
	お正月の歴史を調べよう						✓					
⑦	お誕生日プレゼントを買いに行こう	74					✓					✓
	バースデーカードを作ろう						✓				✓	
	お誕生日会のロールプレイ			✓							✓	
	子どものお誕生日会を計画しよう						✓	✓			✓	
	おみやげは何がいい？	75					✓					
⑧	パーティのお手伝いをしよう	76					✓			✓		
	パーティの練習をしよう										✓	
	言葉のキャッチボール					✓	✓					
	パーティの余興				✓		✓					
⑨	旅行の日程表	77		✓							✓	
	ナビゲーター（案内人）になろう			✓						✓	✓	
	ツアーガイドになろう									✓	✓	
	毎日の予定を決めよう									✓		
⑩	だれとだれが家族？　ゲーム	78			✓							✓
	旅行中の日記をつけよう						✓					
	旅行を記録しよう						✓					
	知らない場所，知らない人					✓						
	はい，チーズ！				✓		✓					
	曲あてゲーム	79					✓					
	旅行中も親切にしよう					✓	✓					

付 録

用語集

ミッシェル・ガーシア・ウィナーの開発したソーシャルシンキング®・ボキャブラリーの一部を許可を得て掲載した物です。（www.socialthinking.com）

楽しみを増やす／楽しみを減らす

子どもがほかの子たちと遊んだり，楽しく過ごしたりするのを促進するために，何かをすることを，楽しみを増やすと言う。

楽しみを減らすとは，ほかの子どもを嫌な気持ちにさせたり，一緒に遊びたくないと思わせるようなことをすること。

「期待されること」

すべての状況にある一定のルールが（明示されている物でも「暗黙の」ルールでも）存在していること，そして私たちは，それがどんなルールなのかを見つける責任があることを理解し，そしてそのルールを守るために言葉や行動を調整すること。

期待されていることをすることによって，周囲の人によい感情を持ってもらうことができる。

「よい・悪い」「正しい・まちがった」という言い方の代わりに，「期待される・期待されない」という言葉を使うことで，主観性を取り除き，ある状況では「よい」ことが別の状況では「悪い」こともある，ということを示している。

「期待されないこと」

社会環境の中で，明確なあるいは暗黙のソーシャル・ルールを守れないことを指す。「期待されないこと」をすれば，周囲の人が自分に，混乱・不親切・不機嫌・怒りといった思いを持つようになる。

融通性のある考え方／柔軟な頭

さまざまな視点や状況に基づいて，言葉の情報や非言語情報を解釈するときに，融通性を持って考えること。「流れに従う」ことや「白か黒かではなく，いろいろな中間の考え方をする」ことができること。

融通性のある考え方は，どんなときでも規則を守ったり自分の考えや希望に凝り固まってしまうような，がんこな考えや石頭とは反対の考え方。

計画に従う／みんなの計画に従う

他者といるとき，私たちはみんな同じ計画について考えながら，同じ目標に向かって努力するのだと言うことを理解すること。人の行動を見て，次に何をしようとしているのかを考えることが含まれる。

人の言葉の微妙な意味を解釈することで，次に何をしようとしているのかを知ることもできるが，これは高度なスキルである。

割り込み虫

他者の話に割り込む人を指す，ユーモラスな呼び名。

頭と体をまとめよう

グループの活動に効果的に参加するためには，みんなが何を考えているかを頭で考え続けなくてはならない。（テーマ，行動，学習など）

また，みんなのしていることに興味があり，グループとつながっていることを，体で（目，頭，肩を使って）示さなくてはならない。

人のことを考える
ほかの人にも，自分とはちがう考えや，感情や，信条や，経験があるということを理解すること。

Ｂ案
予想通りの状況にならなかったときの，二番目の選択肢や計画。

想像の共有
自分が考えたり想像したりした思考やアイディアを，ほかの人と共有すること。遊びや会話で主要な役割を持つ。

賢い予測
何かについて，すでに知っている情報や教えられた知識に基づいた推測をすること。

ソーシャル分析／ソーシャル・デブリーフィング
ある状況が起こった後で，それについて話したり，分析したりすること。（Lavoie, 2005）

起きたことを理解するのを助け，うまく行ったことは何か，この次はどう変えればよいかを判断する手助けとなる。

ソーシャル・ブリーフィング／プライミング
これから起きるできごとや状況について，説明したり概要を知らせたりすること。起こることに対して準備する助けとなる。

ソーシャル探偵
状況やそこにいる人を見て考えること。目，耳，頭を使って，状況や場面や人から，ヒントを探し出して，その人たちが何をしようとしているのか，どう思っているのかを考えること。

ソーシャル・フェイク（社交に必要なふり，社交辞令）
おもしろくないと思っても，人の話に興味があるように見せること。人が気分よく自分と一緒にいてくれるために，たいくつなときに使う。

相手の話に注目して，親しみを込めた表情をし，相手の目を見て，相手をサポートするようなことを言ったり，ジェスチャーで示したりする。

スペース・インベーダー
個人の領域に入ったり近づきすぎたりする人のこと。そういう人は相手のことや，どうすれば相手が居心地がいいか悪いかについても，考えていないと思われてしまう。

目で考える
状況や，人が送ってくる非言語的なメッセージに，目を働かせること。相手のことを考えていると，相手に知らせることにもなる。

体全体で聞く（Truesdale, 1990）
聞くことは耳を使うだけでなく，目（話している人を見る），口（静かに聞く），手（動かさない），足（床にしっかりつけておく），体（顔を話している人の方に向ける），頭（相手の言っていることを考える），心（相手の言っていることに心を寄せる）も使うことだという概念。

ソーシャル・ワンダー
ほかの人の興味や気持ちを考えて，相手の興味や経験や考えをもっと知るために質問をすること。

言葉がぶつかる
人の話に割り込むことを指す言い方。

① ムードメーター「今どんな気分?」

　いろいろな顔の表情と感情を絵にした表を，冷蔵庫の扉や家族が集まる場所に貼って，子どもや家族によく見えるようにしましょう。

　毎日子どもにこの表を見せて指で指してもらい，自分の今の気持ちや気分を判断する手助けをしましょう。気持ちを共有して，そんな気持ちになった理由も話せるように励ましましょう。

　あなたも，今の気持ちとその理由を子どもに話して聞かせて，お手本を示すとよいでしょう。

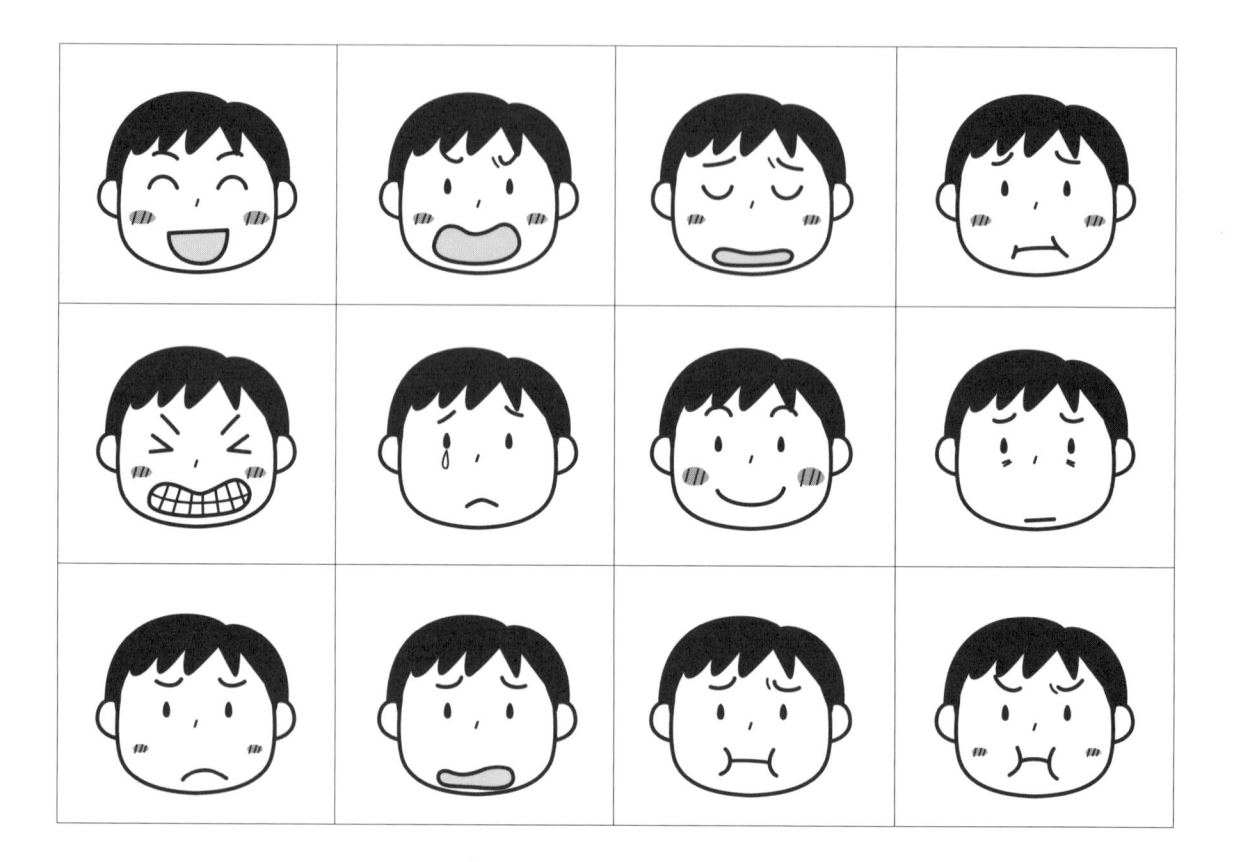

② 会話のサンプルカード「こんな会話をしてみましょう」

今日一番楽しかったのはどんなこと？	休み時間に何を見たり，したりしたの？
今週末のパーティ，どんなパーティだろう？	一番好きな料理は何？
図工のクラスで今週は何を作っているの？	週末に遊びたい人を三人選ぶとしたらだれ？
どこにでも旅行できるとしたら，どこに行きたい？	今日一番退屈したことや，難しかったことはなんだった？
今日学校で読んだ本のことを教えて	明日は，何が楽しみ？

決まった答えのない質問には，このような物もあります。

1．何があったの？
2．どうして〜したの？
3．どうやって〜したの？
4．どう思う？
5．なぜそんなことが起きたのだと思う？
6．それについて，ほかにも考え方はないかな？
7．〜について，教えてほしいことはない？
8．どうやったら，できたの？
9．それって，何かに似てると思わない？
10．次に何が起こると思う？

③ ワンダー・クエスチョン「なんだろう質問」

　このサインを使って，どんな質問をしたらよいか，子どもに教えましょう。このサインがきっかけになって，会話が続くような質問ができたり，相手のことを考えていることを知らせるのに役立つでしょう。

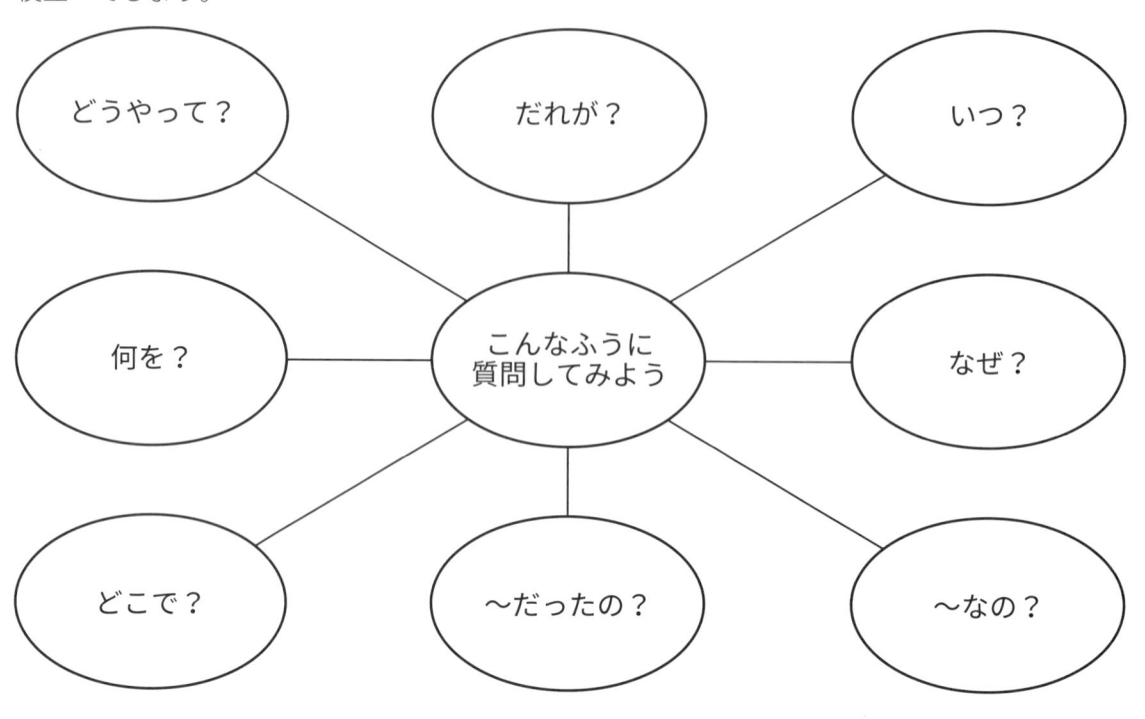

- どうやって？
- だれが？
- いつ？
- 何を？
- こんなふうに質問してみよう
- なぜ？
- どこで？
- ～だったの？
- ～なの？

④ 夕食の予定表

ご飯を作る	食卓に食器を並べる	座って，食べて，話す	食器をさげる	食器を洗う

⑤ 1・2・3で，でき上がり！

1　食べ物ができ上がったところの絵を用意しましょう。（例：ハムサンドイッチのでき上がりは，どんなかな？）
2　絵と同じ物を作るための手順を考えましょう。（やってみよう）
3　サンドイッチを作るために必要な材料はなんでしょう？（準備）

　さあ，材料をそろえて，手順どおりに作ってみましょう。でき上がったら，でき上がりの絵と同じかどうか見てみましょう。思ったとおりの物ができましたか？　さあ食べましょう！（でき上がり）実行機能を培うのによい方法です！

準備しよう

必要な物

□ハム　□食パン　□チーズ　□レタス　□マヨネーズ　□ナイフ　□お皿
□そのほか：

1．でき上がりの絵を見よう。
2．材料と道具をリストにしよう

やってみよう

順番をリストにしよう

順番
1　お皿を用意する
2　食パンを2枚お皿に乗せる
3　ナイフでマヨネーズをパンの片面に塗る
4　1枚のパンに，チーズとレタスとハムを乗せる
5　もう1枚のパンをハムの上に乗せる
6　サンドイッチを半分に切る
7　さあ食べよう！

完成品を作る（目標）ために，材料と道具を使って何をすればよいのか，リストにしよう。

でき上がり

始める前に，でき上がった完成品がどんな物かを決めよう。でき上がった物が，始めの絵やアイディアと同じかどうか，比べてみよう。

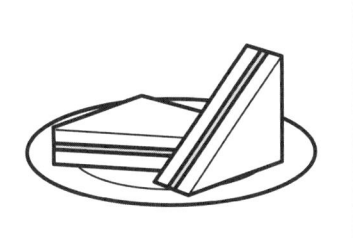

Sarah Ward, M.S., CCC/SLP, and Kristen Jacobsen, M.S., CCC/SLP（2014 刊）許可を得て掲載

⑥ 遊びの時間の予定表

| あいさつ | 歌う | 遊ぶ | 片付ける | おやつ | さよなら |

Peer Play and the Autism Spectrum: The Art of Guiding Children's Socialization and Imagination by P. Wolfberg, 2003, Shawnee Mission, KS: AAPC Publishing, P.68.　許可を得て掲載

⑦ 夜寝る前の五段階表

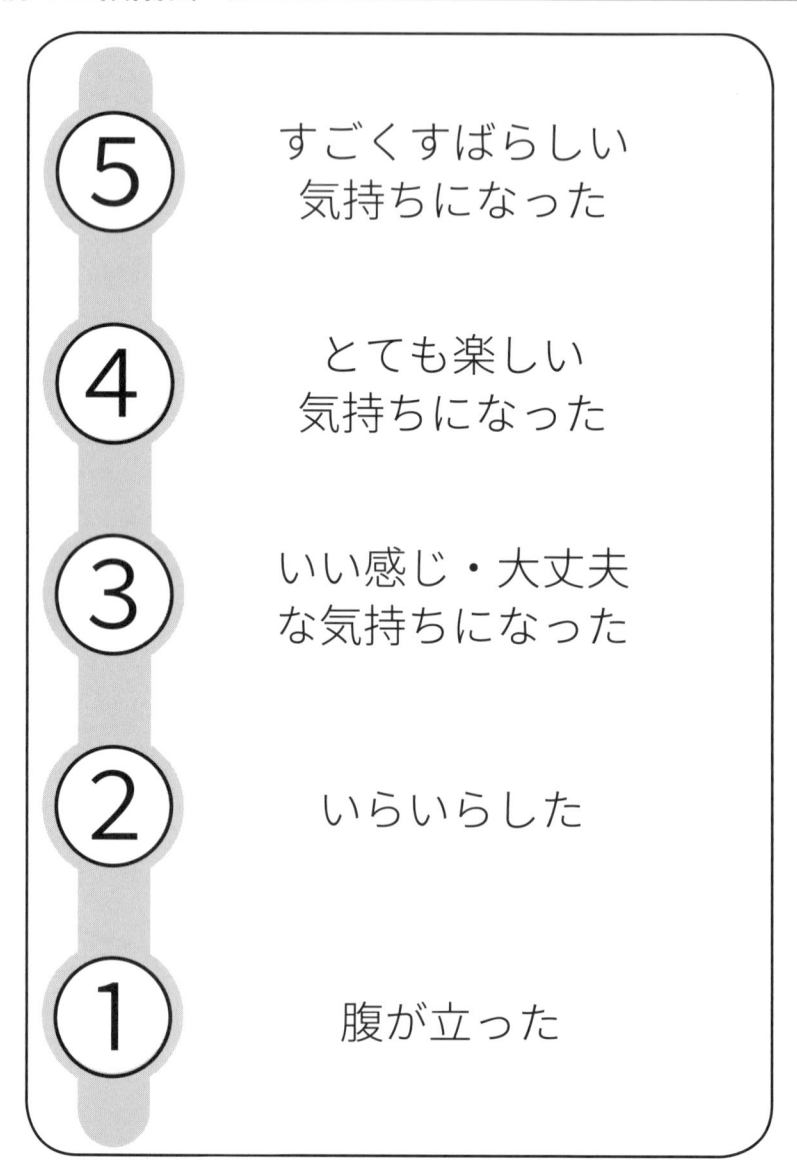

⑤ すごくすばらしい気持ちになった

④ とても楽しい気持ちになった

③ いい感じ・大丈夫な気持ちになった

② いらいらした

① 腹が立った

The Incredible 5-Point Scale by K.D. Buron and M. Curtis, 2012, Shawnee Mission, KS: AAPC Publishing　許可を得て掲載

夜寝る前の五段階表

＊子どもの言葉を記入して使ってください

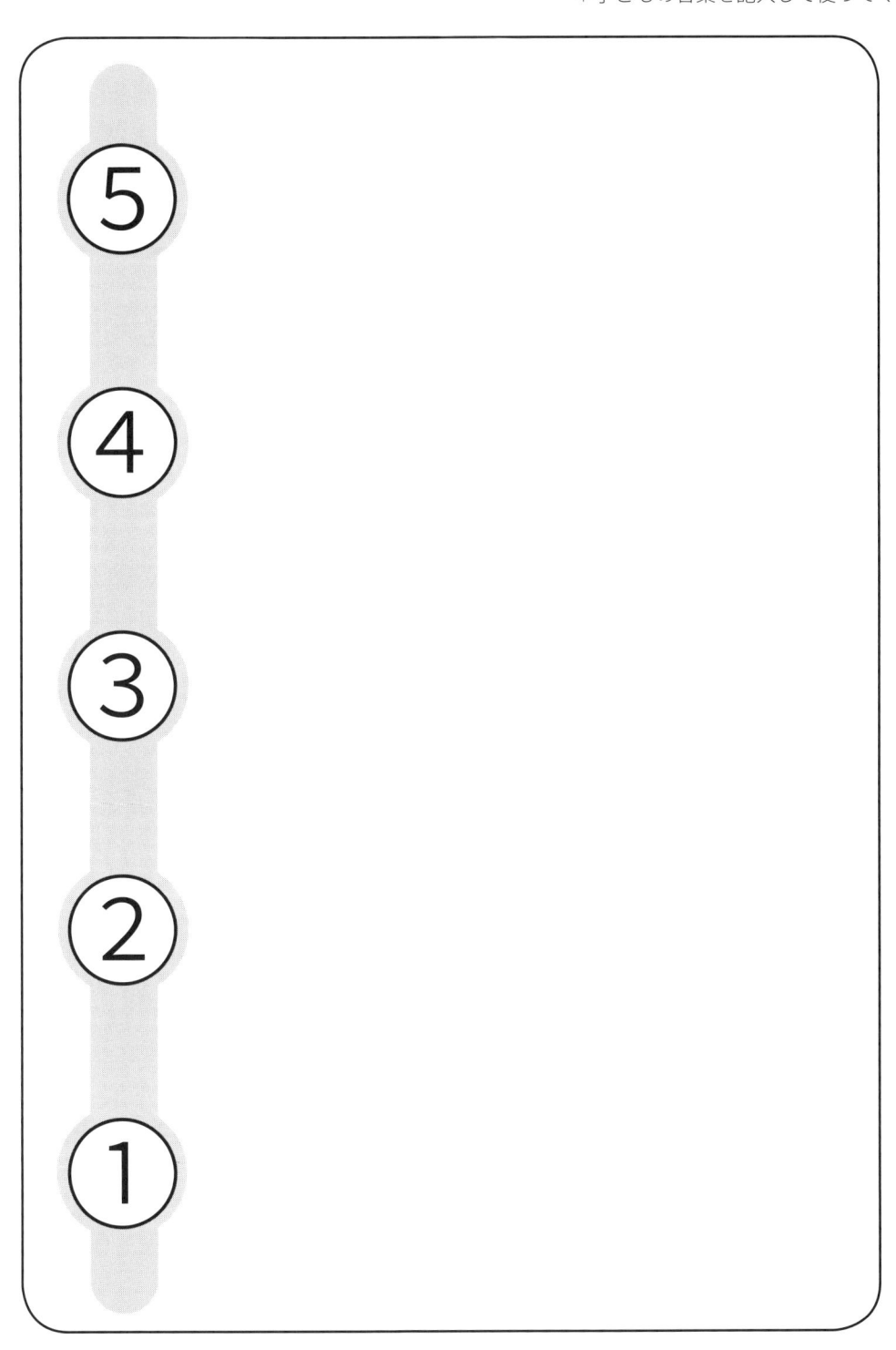

- ⑤
- ④
- ③
- ②
- ①

The Incredible 5-Point Scale by K.D. Buron and M. Curtis, 2012, Shawnee Mission, KS: AAPC Publishing　許可を得て掲載

⑧ 感謝のリストとクーポン券

　次の表を使って，子どもが感謝していることのリストを作るのを手伝いましょう。書くのができないようなら，言葉で言ってもらってあなたが代わりに書きましょう。写真や絵を使ってもよいでしょう。夜寝る前や夕食のときなど，子どもが集中できるときにするとよいでしょう。

　子どもに，感謝している人や事柄を認識させる手助けをすることによって，生活の中のよいことに気づかせて，前向きな考えを育てることができます。書き込んだ表を冷蔵庫の扉に貼って毎日の生活の中のよいことを，思い出させてあげてください。

ぼく・私が感謝している人（こと）	その理由
1	1
2	2
3	3
4	4
5	5

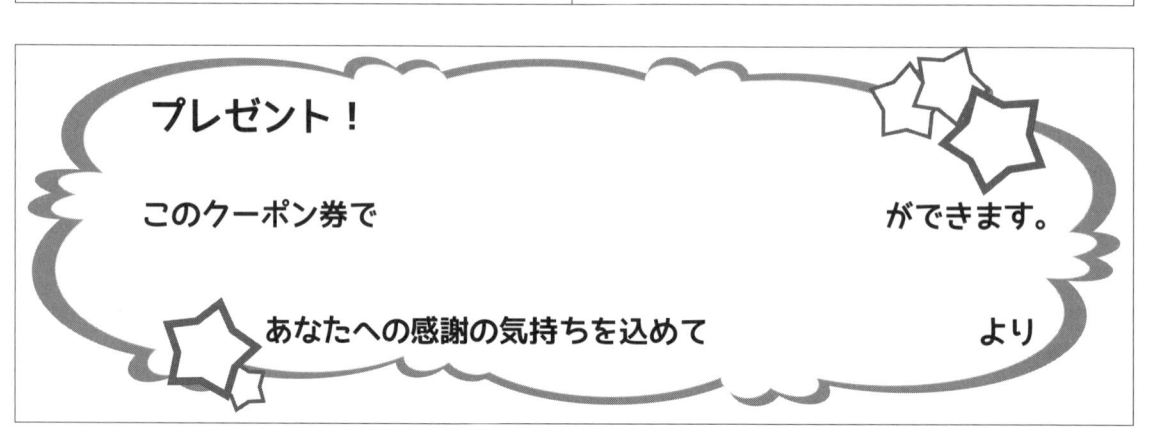

プレゼント！

このクーポン券で　　　　　　　　　　　　　　　　　ができます。

　　　　あなたへの感謝の気持ちを込めて　　　　　　　　より

⑨ 歯をみがく順序

1　歯ブラシと歯みがき粉を用意しよう	
2　歯ブラシを水でぬらそう	
3　歯みがき粉を歯ブラシにつけよう	
4　部分ごと（上の歯，下の歯，前の歯，奥の歯，歯の内側，歯の外側）に最低 10 秒ずつみがこう。 　　ときどき歯みがき粉を吐き出してね	
5　舌もみがこう	
6　水で口をゆすごう	
7　歯ブラシと歯みがき粉をしまおう	

⑩ 「どっちがいい？」の質問の例

1 耳栓をしているのと，鼻プラグをしているのでは，どっちがいい？
2 海底潜水士と宇宙飛行士なら，どっちになりたい？
3 キラーという名前の犬と，モコモコという名前のネコの，どっちになりたい？
4 大きなネズミか，小さい恐竜，どっちになりたい？
5 人の話が全部聞こえるようになりたい，それとも，自分が言ったことを取り返したい？
6 いつも人の考えがなんでも読めるようになりたい，それとも，人の将来がわかるようになりたい？
7 時間を止めるのと，空を飛ぶの，どっちがしたい？
8 無名のバスケットボール選手と，有名なプロのバドミントンのスター選手だったら，どっちになりたい？
9 象の鼻ときりんの首の，どっちを持って生まれてきたい？
10 オリーブオイルをカップ一杯と，ピクルスの漬け汁をカップ一杯だったら，どっちを飲みたい？

⑪ 六角形で深呼吸

星印からスタートしましょう。六角形の一辺を矢印に沿って指でなぞりながら，深く息を吸って，空気が体にいっぱい入って肩が上がるのを感じましょう。

次の辺をなぞりながら，ちょっと息を止めます。三つ目の辺をなぞりながら，ゆっくり息を吐き出しましょう。

六角形の下の三つの辺も，矢印に沿って，なぞりながらもう一つ深呼吸しましょう。

気持ちが落ち着いてリラックスするまで，深呼吸の六つの辺をなぞり続けましょう。

L. Kuypers, The Zones of Regulation, 2008, San Jose, CA: Social Thinking Publishing, P.118 より許可を得て掲載

⑫ 体全体で聞こう

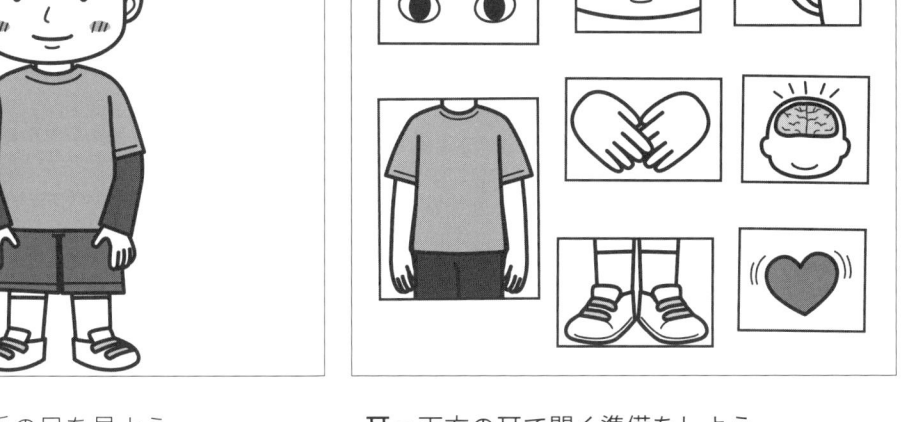

目＝話している相手の目を見よう
口＝静かにしよう。話したり，ハミングしたり，音を立ててはいけないよ
足＝床にじっとつけていよう
頭＝相手の言っていることについて考えよう

耳＝両方の耳で聞く準備をしよう
手＝ひざの上に置いたり，体の横に下げておこう
体＝話している人の方を向こう
心＝相手の言っていることを思いやろう

目のイラスト	目で見る	耳のイラスト	耳で聞く
口のイラスト	口は静かに	手のイラスト	手を動かさない
足のイラスト	足を動かさない	体のイラスト	体を相手の方へ向けて
頭のイラスト	頭で考えて	心のイラスト	心で思いやろう

Whole Body Listening 体全体で聞こうは，1990年に Susanne Poulette Truesdale が作ったオリジナル・コンセプトです。
Sautter and Wilson の "Whole Body Listening Larry at School" "Whole Body Listening Larry at Home", 2011, San Jose, CA: Social Thinking Publishing に掲載された物を，許可を得て掲載。

⑬ お買い物リスト

✓	戸棚に入れる物	✓	冷蔵庫に入れる物	✓	トイレとお風呂用品
	スープの缶詰		牛乳		せっけん
	パンケーキ用シロップ		バター		シャンプーとリンス
	お米		チーズ		マウスウォッシュ
	砂糖		ハム		歯みがき粉
	チップス		ケチャップ		デンタルフロス
	グラノーラ		マヨネーズ		綿棒
	はちみつ		イチゴジャム	✓	おっと，忘れないで！
	コーヒー		たまご		
	シリアル		パン		
	シナモン	✓	冷凍庫に入れる物		
	塩		冷凍ハンバーグ		
	こしょう		アイスクリーム		
✓	野菜と果物		冷凍ワッフル		次回のための注意事項
	オレンジ		冷凍ピザ		
	りんご	✓	家庭用品		
	バナナ		洗剤		
	レタス		紙皿		
	トマト		紙ナプキン		
			ゴミ袋		
			トイレットペーパー		

⑭ ソーシャル分析ワークシート

　必要に応じて，子どもと一緒に座って，このワークシートに書き込んでみましょう。どんな状況のとき，自分の行動が，人にどんな影響を与えているかを理解する手助けになります。

　各欄に，子どもかあなたが絵や字でかきこんでいきましょう。

そのとき起きていたこと	
こんな行動をして失敗してしまった	
その行動をしたとき，こんなことが起きた	
正しいことをするためには，どうすればいいか	
今度は，こうしよう	

Rick Lavoie (2005) より応用

⑮ 子どもの楽しいかくし芸

　子どもに簡単で楽しいかくし芸を教えましょう。自信がついたり，初めて会う人との緊張感を和らげたり，よく知っている人と楽しく過ごすときにも役立ちます。

　いくつかおもしろい物をリストにしました。まずあなたがやって見せましょう。練習もたくさん必要です。じょうずになったら，子どもにほかの人にも教えるよう励ましてみましょう。

トランプシャッフル

　トランプの山をふたつにわけて，両手に一つずつ，体の中央に向けて持ちます。

　手に持ったトランプのはしに親指をかけ，中指と薬指で反対側のはしを支えます。

　両手のカードをアーチ状に構えて，親指を少しずつずらしながら，左右のカードがお互いに重なって行くように，カードをはじいていきます。

　カードの半分が交じり合ったところで，両手でしっかりカードを持って，カードの山を反対側に押さえて，カードが自然にバラバラと落ちて，平らになるようにします。

ガムの風船

　やわらかくなるまで噛んだガムを，上あごの裏と舌の間で平らにします。

　平たくなったガムを口の中で押さえながら，舌をあててゆっくり息を吹き込むと，風船になります。大きな風船になるまで，またはパチンと割れるまで，吹き続けましょう。

石の水切り

　静かな水面のあるところで，小石を用意します。小石のふちを親指と中指で持ちます。石の平たい部分は上に向けたままにします。

　水面に向かって立つか，体をひねったときに水面に体が向くように横向きに立って，石を投げます。石の平たい面を上に向けたまま，思い切り水面めがけて投げます。

　小石が水面で踊って飛び跳ねますよ。

側転

　広くて平らな，やわらかい安全な場所を選びましょう。真っ直ぐな線を見ながら，足を開き，腕をまっすぐ頭上に上げます。そのとき，手のひらは上を向き，ひじは伸ばします。

　片足を回りたい方向に向け，体を横向きに曲げながら，足を空中に跳ね上げます。

　目は両手と，足が着地する場所を見続け，着地したらしっかり足を床につけます。

　手，手，足，足の順番に着地します。

お手玉（ジャグリング）

　お手玉か，はねないボールを三つ用意します。一つの玉を右手から左手，またその逆に投げ続ける練習をしましょう。

　次に一つの玉を同じ手で空中に放り上げたりキャッチしたりしましょう。玉を空中に放り上げる前に手を少し丸めて，カップのようにします。

　次に二つの玉を空中に放り上げてキャッチする練習をしましょう。

　一つ目の玉が一番高く上がったときに，2個目の玉を放り上げます。玉が落ちてきたら，手で受け止めます。二つの玉でじょうずにできるようになったら，三つで練習してみましょう。

　いつも玉が一番高く上がったところで次の玉を

投げるようにします。

ジョーク

本やネットで，年齢にふさわしいジョークを見つけましょう。年齢だけでなく，相手にふさわしいと思うジョークを選ぶことが大切です。

特別なことについてのジョークや，相手が幼いのにジョークが複雑だと，おもしろがってもらえません。一人で練習したり，家族の前で練習してみましょう。

まずゆっくり話しはじめて，次に力強くおもしろいパンチラインを繰り出します。相手に意味が通じなかったり，おもしろいと思ってもらえなかったら，説明すれば，一緒に笑えるかもしれませんね。

言葉遊び

言葉遊びや，暗号や，「生麦生米生卵（なまむぎなまごめなまたまご）」のような早口言葉を子どもに教えましょう。

口笛

「うー」と言うように唇をつき出したり，唇で小さい輪を作りましょう。舌の両サイドを少しまるめて，上顎の裏にくっつけます。

舌と唇の間から，しっかりスムーズに息を吹き出します。息が口笛となって鳴るまで，唇と舌の位置をいろいろ変えてみましょう。

おもしろ情報

おもしろい，けっさくな情報を集めてみましょう。たとえば「目を開けたまま，くしゃみはできないんだよ」とか「ウサギとオウムは頭を動かさないでも自分の後ろが見えるんだって！」など。

まず家族に披露してから，じょうずに言えるようになったら友だちにも言ってみましょう。「ねえ知ってる？」とか「おもしろいこと聞きたい？」という言い方も子どもに教えましょう。

特別の興味と知識

たとえば，地理や電車や数字やスポーツの情報といった，特定の興味を持っているなら，友だちにも興味を持ってもらえるような方法で話す練習をしましょう。

たとえば，地理やスポーツについてたくさんのことを知っているのなら，県庁所在地や，ご当地スポーツチームについて，クイズを作ってみるのはどうでしょう？

⑯ ソーシャル・ナラティブ（社会的なお話）の例

　海に行ったとき，どんなことが起きるのかを子どもに教えるために，このようなお話を使いましょう。

　今度のお休みに海へ行くよ。タオルと椅子と食べ物を持って行こう。たいていビーチはいつも晴れているから，サングラスと日焼け止めも必要だね。

　砂の上や海の中で遊ぶよ。遊んでいる子がほかにもいたら，一緒に遊ぼうと誘ってみるね。砂のお城を一緒に作れるかもしれないよ。みんなと砂のおもちゃを一緒に使うよ。

　タオルに寝ころんでいる人や食べ物に砂をかけないようにするよ。海に入るときは注意するよ。海に入るときはいつも大人と一緒だよ。砂は熱いけど，海の水は冷たいかもしれないね。

　海へ行くのは楽しいし，リラックスすることなんだ。

⑰ 強化刺激メニュー

　子どもがもらいたいごほうびや，ごほうびにしてもらいことを，リストから5つ以上選んで，印をつけさせましょう。あなたの子どもに合うような物を加えたり，リストを変えてもよいでしょう。（読めないなら，写真や絵などを使って，子どもに好きな物を選んで印をつけさせましょう）

（例）

- ☐ 1．ハグやハイタッチをしたり，言葉でほめてもらう
- ☐ 2．食べ物のごほうび（具体的に：あめ，ラムネなどのお菓子）をもらう
- ☐ 3．ぬりえやおえかきをする
- ☐ 4．ゲームをしたりテレビを見る
- ☐ 5．友だちと遊ぶ
- ☐ 6．ステッカーをもらう
- ☐ 7．散歩に行く
- ☐ 8．好きなおもちゃで遊ぶ（具体的に：積み木，パズル，電車，お人形など）
- ☐ 9．本を読む
- ☐ 10．大人と遊ぶ
- ☐ 11．よい行動をしたことを紙に書いて，冷蔵庫の扉にはる

⑱ 放課後や週末のお薦めソーシャル・アクティビティ

スポーツ系のアクティビティ

ボードゲームやスポーツは，勝ち負けを競うだけの物ではありません。

勝ち負けを潔く認めて気持ちを処理するスキルも重要ですが，遊びやスポーツを通して，問題解決，交渉力，順番を守ること，争いごとの解決，忍耐力，スポーツマンシップ，ルールを守ること，人との関わり方，など多くのスキルを学ぶことができるのです。

子どもが楽しめそうなゲームとスポーツを下記に挙げました。子どもの興味とスキルをいつも念頭に置いて選びましょう。

チームスポーツなら入る前に，コーチの指導法やどんなことが期待されているのかを調べておきましょう。始める前に，ほかの子がゲームやスポーツをしているところを子どもに見せれば，興味を持ったり，認識や自信がつくでしょう。

チームのために個人に過度なプレッシャーのかからない，こんなスポーツからはじめてみましょう。

> *水泳　*空手　*テニス　*スキー

準備ができたら，チームワークやスポーツマンシップを養うこんなスポーツをしてみましょう。

> *競泳　*陸上競技　*サッカー
> *野球　*バスケットボール

勉強系のアクティビティ

勉強に意欲のある子どもや，アートや創作が好きな子どもなら，その興味とスキルを使ってグループに参加させてみましょう。

子どもが集まるアカデミックなグループや勉強グループは，社交面の相互作用の練習になります。

ほかの子どもと一緒のクラブやイベントやアクティビティに入ることで，何かに参加することや，人といっしょに行動する練習になります。

> *チェス　*読書会　*科学クラブ
> *コンピュータ・クラブ　*弁論部
> *ジャーナリズムの会

クリエイティブな興味

> *アート　*陶芸　*演劇
> *音楽／バンド
> *人と一緒にパズルをする
> *ゲームを人とする
> *ボーイスカウト／ガールスカウト
> *ブロックなどを組み立てる

そのほか

> *トランプゲームをだれかとする
> 　（一人占いではない）
> *カードなどを友だちと交換して遊ぶ
> *オセロ，将棋などのボードゲーム

子どもの特別の興味について：

子どもの特別な興味（電車，仮面ライダー，昆虫など）をほかの子どもと一緒にできないか考えてみましょう。

たとえば，工作の授業や友だちと遊ぶときに，電車の模型を友だちと一緒に作るとか。

⑲ 友だちを誘ってじょうずに遊ばせる方法

　まず子ども自身が，友だちを呼んで遊びたいと思っているか，その準備ができているかを確かめます。何かを無理強いしたり，泳げないのに友だちと泳ぎに行かせるというような，ひどく難しいことは，避けるようにしましょう。
　みんなにとって，うまく行き，やってよかったと思えるような体験であることが重要です。

　公園のような中立的な場所から始めましょう。放課後に，校庭でしばらく遊ぶというのもよいスタートです。友だちを招くということの意味がなかなか理解できず，どのように共有したり歓迎したりすればよいかがわからない子どももいます。
　友だちの家に行かせるのではなく，まず自分の家で遊ばせることから始めましょう。

　毎回，短い時間で，少人数ずつ遊ばせるのがよいのです。

　適切な時間を選びましょう。子どもが疲れていなくて体調のいい日，何も新しいことや変化がない日を選ぶとよいでしょう。
　昼寝の時間や，一日のうちの機嫌の悪い時間帯，休日や休暇のあとでスケジュールや日程が変わったときなどは，避けましょう。

　気の合うよい遊び友だちを選びましょう。だれを選ぶかで大きな違いが出ます。一般的には，子どもより小さいか，少し年上の子，子どもがよく知っていて好きな子がよいでしょう。
　はじめのうちは，きょうだいは一緒に遊ばせないほうがよいのです。友だちが，きょうだいと遊びたがってしまうかもしれませんから。

　定期的に，子どもを遊ばせる予定を立てるようにしましょう。公園や，相手の家やあなたの家で，放課後のおやつを食べさせるのもよいですね。

　前もって遊びの計画を立てましょう。よく知っているゲームやアクティビティ（たとえば，お絵かきや工作，かくれんぼ，ハンカチ落とし）の用意をしましょう。
　はじめは，おもちゃなどを共有したり，とりかえっこしたりするのが難しいかもしれません。前もって子どもに，お客さんを呼ぶというのはどういうことなのか，招いた側と招かれた側に期待される行動は何なのか，話しておきましょう。
　遊び始める前に，子どもと子どものお客さんに，ルールを説明しておきましょう。子どもの特別なおもちゃは，しまっておきましょう。
　どのアクティビティにも，二つずつおもちゃを用意しましょう。

子どもだけを遊ばせて，うまくいくよう願うだけでなく，あなたも参加しましょう。必要に応じて，アクティビティを変えたり，子どもたちが共有したり妥協したりするのを手伝いましょう。子どもと一緒に遊びを進めていきましょう。

　でも，大人が支配したり，子どもの代わりになってはいけません。コントロールせずに，子ども同士の緊張を解いたり，強化したり，助けたりするのが目的ですから，できるだけ早く引っ込むようにしましょう。

　最後の 15 分は，子どもたちにとって，一番記憶に残る時間です。おやつや特別なことをして，最も楽しい時間にしましょう。あとで，その日のおさらいをして，うまく行ったこと，そうでなかったことについて，子どもと話しましょう。

　あなた自身が，子どもの遊び相手になってみましょう。子どもが助けを必要としているところや，何が得意なのかを知るためのよい方法です。（たとえば，もしパズルが苦手なら，友だちが来たときはパズルをしないようにします）

　どんな社交的な行動が期待されるか，お手本を示すのも忘れないでください。まねの力は偉大です！　あなた自身の気持ちや考えや行動を言葉に出して話しましょう。

　ほかの子どもと遊ぶ準備がまだできていなければ，犬やネコのようなペットなら，こわくないし，社交へのよい導入になるかもしれません。

　たとえば，犬にボールを投げて遊ばせてみましょう。この行ったり来たりの相互作用は，ほかの人との相互作用へのとっかかりになるかもしれません。

　はじめから多くを期待しすぎないようにしましょう。まだ小さい子どもなら，友だちと並んで遊んだり一緒に遊ぶというよりは，相手のまねをしたりする程度が，発育上適切と言えます。

　プレッシャーをかけすぎると，子どもにも友だちにもストレスを与えてしまいます。

参考文献

Aspy, R., & Grossman, B. G. (2011). The Ziggurat Model: Release 2.0. A framework for designing comprehensive interventions for high-functioning individuals with autism spectrum disorders. Shawnee Mission, KS: AAPC Publishing.

Atwood, T. (1998). Asperger's syndrome: A guide for parents and professionals. Philadelphia, PA: Jessica Kingsley Publishers Limited (USA).

Ayres, A. J. (2005). Sensory integration and the child. Los Angeles, CA: Western Psychological Services.

Baron-Cohen, S. (1995). Mindblindness: An essay on autism and theory of mind. Cambridge, MA: The MIT Press.

Baron-Cohen, S., Leslie, A., & Frith, U. (1985). Does the autistic child have a "theory of mind"? Cognition, 21, 37-46.

Barry, T. D., Klingler, L. G., Lee, J. M., Palardy, N., Gilmore, T., & Bodin, S. D. (2003). Examining the effectiveness of an outpatient clinic social skills group for high-functioning children with autism. Journal of Autism and Developmental Disorders, 33(6), 685-701.

Blair, C. (2002). School readiness: Integrating cognition and emotion in a neurobiological conceptualization of children's functioning at school entry. American Psychologist, 57(2), 111-127.

Bodrova, E., & Leong, D. J. (2005). Self-regulation as a key to school readiness: How can early childhood teachers promote this critical competence? In M. Zaslow & I. Martinez-Beck (Eds.), Critical issues in early childhood professional development (section III). Baltimore, MD: Paul H. Brookes Publishing.

Bodrova, E., & Leong, D. J. (2007). Tools of the mind: The Vygotskian approach to early childhood education (2nd ed.). New York: Prentice-Hall.

Bolick, T. (2001). Asperger Syndrome and adolescence: Helping preteens and teens get ready for the real world. Gloucester, MA: Fair Winds Press.

Bronson, M. B. 2000. Self-regulation in early childhood: Nature and nurture. New York, NY: Guilford.

Bryan, C. J., Dweck, C. S., Rogers, T., & Walton, M. (2011). Motivating voter turnout by motivating the self. Proceedings of the National Academy of Sciences, 108(31), 12653-12656.

Buron, K. D., & Curtis, M. (2012). The incredible 5-point scale. Shawnee Mission, KS: AAPC Publishing.

Buron, K., & Wolfberg, P. (2008). Learners on the autism spectrum, preparing highly qualified educators. Shawnee Mission, KS: AAPC Publishing.

Cox, A. J. (2007). No mind left behind: Understanding and fostering executive control-the eight essential brain skills every child needs to thrive. New York, NY: Penguin Group (USA), Inc.

Dawson, P., & Guare, R. (2010). Executive skills in children & adolescents (2nd ed.). New York, NY: Guilford Publications.

Diamond, S. (2011). Social rules for kids: The top 100 social rules kids need to succeed. Shawnee Mission, KS: AAPC Publishing.

Dweck, C. (2006). Mindset. New York, NY: Random House.

Elman, N. M., & Kennedy-Moore, E. (2003). Unwritten rules of friendship: Simple strategies to help the child make friends. Boston, MA: Little, Brown, & Co.

Faber, A., & Mazlish, E. (1980). How to talk so kids will listen and listen so kids will talk. New York, NY: Rawson, Wade Publishers, Inc.

Gelman, S. A., & Heyman, G. D. (1999). Carrot-eaters and creature-believers: The effects of lexicalization on children's inferences about social categories. Psychological Science, 10(6), 489-493.

Gillespie, L., & Seibel, N. (2006). Self-regulation: A cornerstone of early childhood development. Beyond the Journal: Young Children on the Web. Retrieved from http://journal.naeyc.org/btj/200607/Gillespie709BTJ.pdf

Goldstein, H., Kaczmarek, L. A., & English, K. M. (2002). Promoting social communication: Children with developmental disabilities from birth to adolescence. Baltimore, MD: Paul H. Brookes Publishing Co.

Goleman, D. (1995). Emotional intelligence: Why it can matter more than IQ (10th anniversary ed.). New York, NY: Bantam, Random House, Inc.

Grau, V., & Whitebread, D. (2012). Self and social regulation of learning during collaborative activities in the classroom: The interplay of individual and group cognition. Learning and Instruction, 22(6), 401-412.

Gray, C. (2000). The new Social Story™ book. Arlington, TX: Future Horizons, Inc.

Greene, R. (1999). The explosive child. New York, NY: HarperCollins.

Greenspan, S., with Salmon, J. (1994). Playground politics: Understanding the emotional life of your school-age child. Redding, MA: Perseus Books.

Greenspan, S. L., Wieder, S. , & Simons, R. (2008). The child with special needs: Encouraging intellectual and emotional growth. Reading, MA: Addison-Wesley.

Gruber, R., Cassoff, J., Frenette, S., Wiebe, S., & Carrier, J. (2012). The impact of sleep extension and restriction on children's emotional liability and impulsivity. Pediatrics, 130 (5), e1155-e1161. doi: 10.1542/peds.2012-0564

Heyman, G. (2008). Talking about success: Implications for achievement motivation. Journal of Applied Developmental Psychology, 29(5), 361-370.

Jacobsen P. (2005). Understanding how Asperger children and adolescents think and learn. London, UK, and Philadelphia, PA: Jessica Kingsley Publishers.

Koegel, L. K., Koegel, R. L., Frea, W., & Green-Hopkins, I. (2003). Priming as a method of coordinating educational services for students with autism. Language, Speech, and Hearing Services in Schools, 34, 228-235.

Koegel, L., Matos-Fredeen, R., Lang, R., & Koegel, R. (2011). Interventions for children with autism spectrum disorders in inclusive school settings. Cognitive and Behavioral Practice, CBPRA-00350. doi:10.1016/j.cbpra.2010.11.003

Kuypers, L. M. (2008). The zones of regulation. San Jose, CA: Social Thinking Publishing.

Kuypers, L., & Sautter, E. (2012, May-June). How to promote social regulation. Autism Bay Area Magazine, pp. 8-9.

Lantieri, L. (2008). Building emotional intelligence: Techniques to cultivate inner strength in children. Boulder, CO: Sounds True, Inc.

Levine, M. (2012). Teach your children well: Parenting for authentic success. New York, NY: HarperCollins.

Levine, M. D. (2002). A mind at a time. New York, NY: Simon & Schuster.

Lavoie, R. (2005). It's so much work to be your friend: Helping the child with learning disabilities find social success. New York, NY: Simon & Schuster.

Lavoie, R. (2005). Social skill autopsies: A strategy to promote and develop social competencies. LDonline. Retrieved from http://www.ldonline.org/ article/14910/

MacDuff, G., Krantz, P., & McClannahan, L. (2001). Prompts and prompt-fading strategies for people with autism. In C. Maurice, G. Green, & R. M. Foxx (Eds.), Making a difference: Behavioral intervention for autism (pp. 37-50). Austin, TX: Pro-Ed.

Madrigal, S., & Winner, M. G. (2008). Superflex: A superhero social thinking curriculum. San Jose, CA: Social Thinking Publishing.

Maurice, C., Green, G., & Luce, S. C. (Eds.). (1996). Behavioral intervention for young children with autism: A manual for parents and professionals. Austin, TX: Pro-Ed, Inc.

McAfee, J. (2002). Navigating the social world. Arlington, TX: Future Horizons, Inc.

McClelland, M. M., Ponitz, C. C., Messersmith, E. E., & Tominey, S. (2010). Self-regulation: The integration of cognition and emotion. In R. Lerner (Series Ed.) & W. Overton (Vol. Ed.), Handbook of lifespan human development, Vol. 4. Cognition, biology, and methods (pp. 509–553). Hoboken, NJ: Wiley.

McCurry, C. (2009). Parenting your anxious child with mindfulness and acceptance: A powerful new approach to overcoming fear, panic, and worry using acceptance and commitment therapy. Oakland, CA: New Harbinger Publications, Inc.

Miller, C. (2006). Developmental relationships between language and theory of mind. American Journal of Speech-Language Pathology, 15, 142-154.

Myles, B. S., Trautman, M. L. , & Schelvan, R. L. (2013). The hidden curriculum for understanding unstated rules in social situations for adolescents and young adults (2nd ed.). Shawnee Mission, KS: AAPC Publishing.

Myles, J. M., & Kolar, A. (2013). The hidden curriculum and other everyday challenges for elementary-age children with high-functioning autism. Shawnee Mission, KS: AAPC Publishing.

National Autism Center. (2011). A parent's guide to evidence-based practice and autism. Retrieved from http://www.nationalautismcenter.org/learning/ parent_manual.php

Ozonoff, S., Dawson, J., & McPartland, J. (2002). A parent's guide to Asperger syndrome and high-functioning autism. New York, NY: The Guilford Press.

Patrick, H. (1997). Social self-regulation: Exploring the relations between children's social relationships, academic self-regulation, and school performance. Educational Psychologist, 32(4), 209-220.

Prizant, B., Wetherby, A., Rubin, E., Laurent, A., & Rydell, P. (2007). The SCERTS® model: A comprehensive educational approach for children with autism spectrum disorders . Baltimore, MD: Brookes Publishing.

Quill, K. (Ed.). (1995). Teaching children with autism: Strategies to enhance communication and socialization. Albany, NY: Delmar.

Rapee, R., Wignall, A., Spence, S., Cobham, V., & Lyneham, H. (2000). Helping your anxious child. Oakland,

CA: New Harbinger Publications, Inc.

Rathvon, N. (2008). Effective school interventions: Evidence-based strategies for improving student outcomes. New York, NY: The Guilford Press.

Sautter, E., & Wilson, K. (2011). Whole body listening – Larry at home. San Jose, CA: Social Thinking Publishing.

Sautter, E., & Wilson, K. (2011). Whole body listening – Larry at school. San Jose, CA: Social Thinking Publishing.

Shonkoff, J., & Phillips, D. (2000). From neurons to neighborhoods: The science of early childhood development. Washington, DC: National Academies Press.

Siegel, D. l., & Bryson T. (2011). The whole-brain child: 12 revolutionary strategies to nurture your child's developing mind, survive everyday parenting struggles, and help your family thrive. New York, NY: The Random House Publishing Company.

Sohn, A., & Grayson, C. (2005). Parenting your Asperger child: Individualized solutions for teaching the child practical skills. New York, NY: Penguin Group (USA), Inc.

Stewart, K. K., Carr, J. E., & LeBlanc, L. A. (2007). Evaluation of family-implemented behavioral skills training for teaching social skills to a child with Asperger's Disorder. Clinical Case Studies, 6(3), 252-262.

Truesdale, S. P. (1990). Whole body listening: Developing active auditory skills. Language, Speech, and Hearing Services in Schools, 23, 183-184.

Vagin, A. (2012). Movie time social learning. San Jose, CA: Social Thinking Publishing.

Vermeulen, P. (2013). Autism as context blindness (textbook ed.). Shawnee Mission, KS: AAPC Publishing.

Volet, S., Vauras, M., & Salonen, P. (2009). Self- and social regulation in learning contexts: An integrative perspective. Educational Psychologist, 44(4), 215-226.

Ward, S. (2013). Practical strategies to improve executive function skills. Presentation at Communication Works and the annual Social Thinking Provider's Conference, San Francisco, CA.

Ward, S., & Jacobsen, K. (2012). Cognitive connections. Concord, MA: Executive Function Practice.

Winner, M. G. (2000). Inside out: What makes a person with social cognitive deficits tick. San Jose, CA: Social Thinking Publishing.

Winner, M. G. (2005). Think social! A social thinking curriculum for school-age students. San Jose, CA: Social Thinking Publishing.

Winner, M. G. (2007). Thinking about YOU thinking about ME. San Jose, CA: Social Thinking Publishing.

Winner, M. G. (2008). A politically incorrect look at evidence-based practices and teaching social skills. San Jose, CA: Social Thinking Publishing.

Wolfberg, P. (2003). Peer play and the autism spectrum: The art of guiding children's socialization and imagination. Shawnee Mission, KS: AAPC Publishing.

Wolfberg, P. J. (2009). Play and imagination in children with autism (2nd ed.). New York, NY: Columbia, Teachers College Press.

著者紹介

エリザベス　A．ソーター（修士，認定言語療法士）

「コミュニケーション・ワークス」（子どもと大人の言語療法，ソーシャル療法，作業療法などを行なう個人開業の診療所）の共同ディレクターで共同経営者。1996年より，個人診療所，学校，病院などで，保育園児から大人まで，ならびにその家族の療法士として活動している。ソーシャル・コミュニケーション，ソーシャル・レギュレーション，実行機能などの分野を専門としている。患者のために，機能的で創造的な介入方法を学んだり編み出したり，ほかの専門家や保護者と共同作業をすることを享受している。著者自身にも特別なニーズを持つきょうだいと，親しい友人がいることから，この仕事を生涯の仕事だと感じている。ミッシェル・ガーシア・ウィナー，ステファニー・マドリガル，パメラ・クルックといった専門家に師事し,「体全体で聞く」ことについての子どもの本を2冊共同執筆し評判となった。（「Whole Body Listening Larry at Home」，「Whole Body Listening Larry at School」）著者は，夫と二人の息子とペットの犬と暮らしている。家族とペットは常に彼女に，笑いと新たな人生の教訓を与えてくれると言う。

訳者紹介

上田勢子

東京都生まれ。1977年，慶應義塾大学文学部社会学科卒。79年より，アメリカ・カリフォルニア州在住。写真評論に従事しながら，児童書，一般書の翻訳を数多く手がける。
主な訳書に『自閉症スペクトラムの子どものソーシャルスキルを育てるゲームと遊び』『子どもに必要なソーシャルスキルのルールBEST99』『自尊感情を持たせ，きちんと自己主張できる子を育てるアサーショントレーニング40』（以上，黎明書房），「子どもの認知行動療法ーだいじょうぶーシリーズ」全6巻（明石書店），『私たちが死刑評決しました。』（ランダムハウス講談社），「子どものセルフケアガイド」全2巻（東京書籍），「学校のトラブル解決シリーズ」全7巻，「心をケアする絵本シリーズ」3点（共に大月書店）などがある。

＊イラスト：さややん。

子どもの毎日の生活の中で
ソーシャルスキルが確実に身につく187のアクティビティ

2015年4月10日　初版発行	訳　者	上田　勢子	
	発行者	武馬　久仁裕	
	印　刷	株式会社太洋社	
	製　本	株式会社太洋社	

発　行　所　　　　　　　株式会社　黎明書房

〒460-0002　名古屋市中区丸の内3-6-27　EBSビル　☎052-962-3045
　　　　　　　　FAX 052-951-9065　振替・00880-1-59001
〒101-0047　東京連絡所・千代田区内神田1-4-9　松苗ビル4階
　　　　　　　　☎03-3268-3470

落丁本・乱丁本はお取替します。　　　　　　ISBN978-4-654-01061-5
2015,Printed in Japan

自尊感情を持たせ，きちんと自己主張できる子を育てる
アサーショントレーニング40

リサ M．シャーブ著　上田勢子訳
B5・192頁　2700円

先生と子どもと親のためのワークブック　じょうずに自己主張できるようになるための，楽しくできる書き込み式アクティビティ40種を紹介。グループでも一人でも，教室でも家庭でもできます。

自閉症スペクトラムの子どもの
ソーシャルスキルを育てるゲームと遊び

レイチェル・バレケット著　上田勢子訳
B5・104頁　2200円

先生と保護者のためのガイドブック　社会の中で，人とじょうずに付き合っていくためのスキルが楽しく身につけられます。絵は日本向けに差し換えました。「ソーシャルスキル・チェックリスト」付き。

子どもに必要な
ソーシャルスキルのルール BEST99

スーザン・ダイアモンド著　上田勢子訳
B5・127頁　2500円

学習障害，自閉症スペクトラム，感情面に問題を持つ子が社会生活をじょうずに送るために必要な99のルールが身につく本。アメリカの優秀な子育て本に与えられる賞，NAPPAを受賞した名著。

不安やストレスから子どもを助ける
スキル＆アクティビティ

キム・ティップ・フランク著　上田勢子訳
B5・96頁　2200円

失敗が怖い，一人が怖い，学校が怖いなど子どもを襲うさまざまな不安やストレスを，子どもが自分自身で克服するためのSSTワークブック。読みやすく，誰にでも実践できます。

ワークシート付き
アサーショントレーニング

田中和代著　B5・97頁　2100円

自尊感情を持って自己を表現できるための30のポイント　「批判や非難された場面」等のロールプレイを見て，ワークシートに書き込むだけで，自分らしく主張したり，断りできるスキルを身につけられる本。

新装版
発達障害の子どもにも使える　カラー版
小学生のための
SSTカード＋SSTの進め方

解説書（モノクロ）50頁・SSTカラーカード16枚付き
田中和代著　B5函入り　4000円

SST用カード16枚と解説書が見やすいケース入りになりました。「席できちんと授業を受けられない」「がまんできない」「仲間に入れない」など，小学校生活の基本的な問題場面16ケースに絞った，SST用カラー絵カード16枚付きの実践ガイドブック。小学校教師をはじめ誰でもすぐSSTができます。軽度発達障害の子どもを担任する教師や保護者の方，特別支援学校の先生方などにお勧めです。

高機能自閉症・アスペルガー障害・
ADHD・LDの子の
SSTの進め方

田中和代・岩佐亜紀著　B5並製・151頁　2600円
　　　　　　　　　　B5上製・151頁　3800円
＊上製本は絵カード（モノクロ）8枚付き

特別支援教育のためのソーシャルスキルトレーニング（SST）　生活や学習に不適応を見せ，問題行動をとる子どもが，社会的に好ましい行動ができるようになり，生活しやすくなるように支援するゲームや絵カードを使ったSSTの実際を詳しく紹介。
＊絵カードとしてすぐ使える40枚の絵と，それらを使ったSSTの仕方，ロールプレイの仕方を収録。ゲーム感覚でできる15のSSTも。

＊表示価格は本体価格です。別途消費税がかかります。

■ ホームページでは，新刊案内など小社刊行物の詳細な情報を提供しております。「総合目録」もダウンロードできます。　http://www.reimei-shobo.com/

先生が進める子どものための リラクゼーション
CD2枚付き

田中和代著　A5上製・64頁　2500円

授業用パワーポイントＣＤ・音楽ＣＤ付き　「となりのトトロ」「星空につつまれて」を聞きながら，心も体もリラックス！　効果のあるリラクゼーション（呼吸法）が，音声ガイド入り音楽ＣＤですぐできます。

発達が気になる子どもの保育

芸術教育研究所監修　両角美映著
B5・104頁　1900円

保育のプロはじめの一歩シリーズ③　こだわりが強い，感情の起伏が激しいなど「困った子」と思われてしまう子どもを，保育者はどのように支援すればよいか，実際の園生活の場面をふまえ，イラストを交えながら紹介。

先輩が教える保育のヒント 発達が気になる子への かかわり方＆基礎知識
CD付き

グループこんぺいと編著　A5・93頁　1800円

付録ＣＤ：発達が気になる子も一緒にすぐできるあそび歌　気になる子どもを受け入れる際の心構えや安心して過ごせる環境の作り方，日常保育や行事でのかかわり方，保育者とのかかわり方のノウハウ。

学級担任が進める 通常学級の特別支援教育

大前暁政著　四六・181頁　1700円

目の前の特別支援を必要とする子どもに，学級担任はどう対応するか。めざましい成果をあげた実際の対応とその理論をていねいに紹介。達人教師による信頼の指導法。通常学級で対応に困っている先生必読。

学級担任に絶対必要な 「フォロー」の技術

中村健一編著　四六・155頁　1600円

発問や指示だけでは動けない子どもを的確に動かす「フォロー」の技術を公開。子どもに安心感を与える対応や評価で伸び伸びと力を発揮できる子どもに。教室でトラブルを起こす子にも効果的な教育技術です。

そこが知りたい！ 特別支援学級の指導 59の疑問

馬場賢治著　A5・140頁　2100円

通常の学校に通う特別な教育的支援を要する子どもたちの指導について，指導計画の立て方，子どもの障がいに応じた配慮や学習指導，保護者への対応，進路指導など，59の疑問に丁寧に答えます。

特別支援教育を意識した 小学校の 授業づくり・板書・ノート指導

蔵満逸司著　B5・86頁　1900円

発達障害の子どもだけでなく，すべての子どもの指導をより効果的で効率的なものにするユニバーサルデザインによる学習指導のあり方を紹介。コピーして使える板書計画や漢字チェックなどのワークシート付き。

特別支援教育に役立つ 手づくり教材・教具集

太田正己監修　石川県立明和養護学校著
B5・120頁　2400円

特別支援教育＆遊びシリーズ①　教師と保護者が協力して，子どもたち一人ひとりのニーズに応じたオリジナルの教材・教具を開発し続けている，養護学校の取り組みと，代表的な教材・教具43点を厳選して紹介。

改訂版　障がいの重い子のための 「ふれあい体操」
CD付き

丹羽陽一・武井弘幸著　B5・99頁　2400円

特別支援教育＆遊びシリーズ②　愛情いっぱいのふれあいと歌を通して子どもの身体感覚に働きかけ，身体意識を高める「ふれあい体操」をＣＤ付きで紹介。学校，家庭ですぐ使えます。

＊表示価格は本体価格です。別途消費税がかかります。

知的障がい児の 楽しい運動遊び 41

橋本和秀著　B5・88頁　2300円

特別支援教育＆遊びシリーズ③　その場ですぐ楽しめる運動遊びから，ロープ，ボール，フラフープ，マットなどの用具を使う運動遊びまで，知的障がいを持つ子どもたちが楽しめる運動遊びを満載！

特別支援教育の授業を 「歌で盛り上げよう！」

CD2枚付き

歌入りCD・カラオケCD付き
武井弘幸著　小島薫協力　B5・83頁　3000円

特別支援教育＆遊びシリーズ④　歌は子どもが生き生きと授業に取り組むための潤滑油です。学習活動を行う前や活動中に一緒に歌ったり，ＢＧＭとして使ったりして，授業を盛り上げることができるオリジナル31曲を紹介。

肢体不自由のある子の 楽しいイキイキたいそう

CD付き

金子直由・溝口洋子・北村京子著
B5・92頁　2400円

子どもたちが楽しみながら無理なく体を動かせる，園や学校，家庭で大好評の「イキイキたいそう」をCD付きで紹介。一つの部位を動かす歌からいろいろな部位を動かす歌まで32曲を収録。

車椅子やベッドの上でも楽しめる 子どものためのふれあい遊び50

青木智恵子著　B5・92頁　1800円

病気やケガ，障害などで思うように動き回れない子や車椅子の子などが楽しめる，マッサージ効果のある遊び，リハビリを兼ねた遊び，スキンシップの遊びなどのふれ合い遊び50種を紹介。

軽度の知的障害のある生徒の 就労を目指した青年期教育

渡辺明広編著　B5・126頁　2400円

職業教育，生徒指導・日常生活の指導・道徳の授業，共生教育　生徒の就労と課題の克服に取り組んだ静岡県内の特別支援学校など10校の実践を収録。特別支援学校高等部の職業教育・進路指導の指針となる本。

障害特性に応じた指導と自立活動

新井英靖・茨城大学教育学部附属特別支援学校編著
A5・168頁　2000円

新学習指導要領の実践展開①　自閉症，ダウン症などの知的障害のほか，肢体不自由などの障害や困難を抱えた子どもたちにも対応。障害種別ごとの自立活動のアセスメントから授業展開，評価までを詳しく解説。

発達障害児の感情コントロール力を育てる 授業づくりとキャリア教育

新井英靖・三村和子・茨城大学教育学部附属特別支援学校編著　A5・167頁　2200円

発達障害児が他者とのやりとりの中で社会性を身につけ，感情をコントロールする力を育てるための授業づくりとキャリア教育の具体的な実践方法を紹介。さらに実践に必要な教師の資質や専門性なども詳述。

大学・高校の ＬＤ・ＡＤ／ＨＤ・高機能自閉症の 支援のためのヒント集

太田正己・小谷裕実編著　A5・180頁　2300円

あなたが明日からできること　発達障害のある高校・大学生が直面する学習や生活での困難を解決へ導く方法を詳述。高校・大学の先生，事務職，親御さん，障害学生支援に関わる方必読。

コラージュ療法

加藤孝正監修　杉野健二著
B5・227頁（カラー口絵2頁）　2900円

実践ですぐ使える絵画療法②　コラージュの制作によってクライエントの心のケアや治療をはかる「コラージュ療法」の手順，作品の読み解き方，対処の仕方を，事例と多数の作品を通してわかりやすく説明。

＊表示価格は本体価格です。別途消費税がかかります。